Korte Verhalen in het Grieks

Korte verhalen in Grieks voor beginners en gevorderden

Constantine Papageorgiou

greenthumbpublishing@gmail.com

Inhoud

Inleiding

Lezen in een vreemde taal is een van de meest effectieve manieren om uw taalvaardigheid te verbeteren en uw woordenschat uit te breiden. Toch kan het soms moeilijk zijn om boeiend leesmateriaal op een geschikt niveau te vinden dat een gevoel van prestatie en vooruitgang geeft. De meeste boeken en artikelen die voor moedertaalsprekers zijn geschreven, kunnen te lang zijn en moeilijk te begrijpen, of kunnen een woordenschat op zeer hoog niveau hebben, zodat u zich overweldigd voelt en het opgeeft. Als deze problemen bekend klinken, dan is dit boek iets voor jou!

Korte Verhalen in het Grieks is een verzameling van 25 onconventionele en onderhoudende korte verhalen die zijn ontworpen om beginnende tot gemiddeld niveau Grieks lerenden te helpen hun taalvaardigheden te verbeteren.

Deze korte verhalen creëren een ondersteunende leesomgeving door het opnemen van:

- Rijke taalkundige inhoud in verschillende genres om u te vermaken en u bloot te stellen aan een verscheidenheid van woordvormen.
- Kortere verhalen in hoofdstukken om u de voldoening te geven verhalen af te maken en snel vooruitgang te boeken.
- Teksten die op uw niveau geschreven zijn, zodat ze gemakkelijker te begrijpen zijn en niet overweldigend.
- Nederlandse vertaling op wisselende pagina's, zodat u er regel voor regel direct naar kunt verwijzen terwijl u het Grieks verhaal leest.
- De belangrijkste woordenschat staat vetgedrukt in

het hele verhaal en de vertaling, zodat u onbekende woorden gemakkelijker kunt begrijpen.

- Begrijpelijke vragen om uw begrip van belangrijke gebeurtenissen te testen en om u aan te moedigen meer in detail te lezen.

Dus of u nu uw woordenschat wilt uitbreiden, uw begrip wilt verbeteren of gewoon voor uw plezier wilt lezen, dit boek is de grootste stap voorwaarts die u dit jaar in uw studie zult maken. Korte Verhalen in het Grieks geeft u alle steun die u nodig hebt, dus leun achterover, ontspan, en laat uw fantasie de vrije loop terwijl u wordt meegevoerd naar een magische wereld van avontuur, mysterie en intrige - in het Grieks!

Hoe dit boek te gebruiken

Lezen is een moeilijk talent om onder de knie te krijgen. We gebruiken een reeks microvaardigheden om ons te helpen lezen in onze moedertaal. We kunnen bijvoorbeeld een passage doornemen om een globaal idee te krijgen van waar het over gaat. Of we kammen een groot aantal bladzijden van een treindienstregeling door op zoek naar een specifieke tijd of plaats. Terwijl deze microvaardigheden een tweede natuur zijn bij het lezen in onze moedertaal, blijkt uit onderzoek dat we de meeste ervan vaak vergeten bij het lezen in een vreemde taal. Wanneer we een vreemde taal leren, beginnen we gewoonlijk bij het begin van een tekst en werken we ons een weg door de tekst, waarbij we elk woord proberen te begrijpen. Onvermijdelijk komen we onbekende of ingewikkelde termen tegen en raken we geïrriteerd door ons onvermogen om ze te begrijpen.

Een van de grootste voordelen van het lezen in een vreemde taal is dat je wordt blootgesteld aan een groot aantal zinnen en uitdrukkingen die in alledaagse situaties worden gebruikt. Extensief lezen is een term die wordt gebruikt om het lezen voor plezier aan te duiden om een taal te leren. Het is niet zoals het lezen van een tekstboek, wanneer gesprekken of teksten zijn ontworpen om langzaam en zorgvuldig te worden gelezen met het doel om elk woord te begrijpen. "Intensief lezen" verwijst naar lezen dat wordt gedaan om specifieke leerdoelen te bereiken of taken te voltooien. Anders gezegd, intensief lezen in tekstboeken helpt meestal bij het leren van grammaticaregels en bepaalde woordenschat, maar extensief lezen van verhalen helpt bij het leren van natuurlijke taal.

Korte Verhalen in het Grieks biedt u de mogelijkheid om meer te leren over natuurlijk Grieks taalgebruik, ook al bent u uw taalleertocht misschien begonnen met uitsluitend tekstboeken. Hier zijn een paar tips om in gedachten te houden als u de verhalen in dit boek leest om er het meeste uit te halen: Als het op lezen aankomt, zijn plezier en een gevoel van vervulling van cruciaal belang. Je blijft terugkomen voor meer omdat je geniet van wat je aan het lezen bent. Elk verhaal van begin tot eind lezen is de beste methode om plezier te beleven aan het lezen van verhalen en je volbracht te voelen. Het belangrijkste is dan ook om het einde van een verhaal te halen. Dat is eigenlijk nog belangrijker dan elk woord te kennen.

Hoe meer je leest, hoe meer kennis je zult opdoen. U zult snel een kennis hebben van hoe Grieks werkt als u grotere boeken leest voor uw plezier. Bedenk echter wel dat u, om ten volle van de voordelen van extensief lezen te kunnen profiteren, eerst een voldoende omvangrijk boek moet lezen. Door hier en daar een paar bladzijden te lezen leert u misschien een paar nieuwe woorden, maar het zal geen significant verschil maken in uw algehele niveau van Grieks.

Accepteer dat je niet alles zult begrijpen van wat je in een roman leest. Dit is, zonder twijfel, het meest cruciale punt! Onthoud altijd dat het volkomen aanvaardbaar is dat u niet alle woorden of zinnen begrijpt. Het betekent niet dat je taalvaardigheden ontoereikend zijn of dat je slecht presteert. Het geeft aan dat u actief betrokken bent bij het leerproces.

Leesgids

Om het meeste uit het lezen van Korte Verhalen in het Grieks te halen, kunt u het beste dit eenvoudige leesproces in zes stappen volgen voor elk hoofdstuk van de verhalen:

1. Lees de titel van het hoofdstuk. Denk na over waar het verhaal over zou kunnen gaan. Lees dan het verhaal helemaal door. Uw doel is gewoon het einde van het verhaal te bereiken. Stop daarom niet om woorden op te zoeken en maak u geen zorgen als er dingen zijn die u niet begrijpt. Probeer gewoon de plot te volgen.

2. Wanneer u het einde van het verhaal hebt bereikt, scant u de Nederlandse vertaling om te zien of u hebt begrepen wat er is gebeurd en pikt u alle context op die u misschien hebt gemist.

3. 3. Ga terug en lees hetzelfde verhaal opnieuw. Als u wilt, kunt u zich meer op de details van het verhaal concentreren, maar anders leest u het gewoon nog een keer door.

4. 4. Werk vervolgens door de begripsvragen in Grieks om te controleren of u de belangrijkste gebeurtenissen in het verhaal begrijpt. Als u de vragen niet helemaal begrijpt, hoeft u zich geen zorgen te maken. Gebruik uw kennis om zo goed mogelijk te antwoorden.

5. Op dit punt moet u de belangrijkste gebeurtenissen van het hoofdstuk enigszins begrijpen. Als dat niet het geval is, kunt u het hoofdstuk een paar keer herlezen, waarbij u de vertaling gebruikt om onbekende woorden en zinnen te controleren, totdat u zich zeker voelt.

Zodra u klaar bent en zeker weet dat u begrijpt wat er is gebeurd - of dat nu na één lezing van het verhaal is of na meerdere - gaat u verder met het volgende verhaal en geniet u verder van het verhaal in uw eigen tempo, net zoals u van elk ander boek zou genieten.

Pas als u een verhaal in zijn geheel hebt uitgelezen, moet u overwegen terug te gaan en de verhaaltaal desgewenst verder uit te diepen. Of in plaats van u zorgen te maken of u alles begrijpt, de tijd te nemen om u te concentreren op alles wat u hebt begrepen en uzelf te feliciteren met alles wat u hebt gedaan.

Korte Verhalen

in het Grieks

Constantine Papageorgiou

Τα ερείπια της Πομπηίας

Ο ήλιος έδερνε ανελέητα την πόλη της Πομπηίας εδώ και μέρες. Οι κάτοικοι είχαν συνηθίσει τη ζέστη, αλλά ακόμη και αυτοί είχαν **αρχίσει να** αισθάνονται τις συνέπειες του **αδυσώπητου** καύσωνα. Το νερό είχε αρχίσει να λιγοστεύει και τα πνεύματα είχαν αρχίσει να φουντώνουν. Το πρωί της 24ης Αυγούστου, τα πράγματα άλλαξαν προς το χειρότερο. Ένας τεράστιος σεισμός συγκλόνισε την πόλη, ακολουθούμενος από μια έκρηξη του Βεζούβιου που κάλυψε την Πομπηία με πυκνή **ηφαιστειακή** τέφρα. Οι πολίτες πανικοβλήθηκαν καθώς προσπαθούσαν να ξεφύγουν από το θανατηφόρο νέφος. Αλλά ήταν πολύ αργά: μέσα σε λίγες ώρες, η Πομπηία θάφτηκε κάτω από εκατομμύρια τόνους βράχων και τέφρας. Για αιώνες, η Πομπηία **παρέμεινε** κρυμμένη κάτω από τον τάφο της από ηφαιστειακά συντρίμμια. Αλλά το 1748, μια ομάδα εξερευνητών ανακάλυψε ξανά την από καιρό χαμένη πόλη - και αυτό που βρήκαν ήταν τόσο συναρπαστικό όσο και σπαρακτικό. **Κάτω από** τις στάχτες βρισκόταν ένα τέλεια διατηρημένο στιγμιότυπο της ρωμαϊκής ζωής... μαζί με τα πτώματα εκείνων που δεν είχαν διαφύγει εγκαίρως.

De ruïnes van Pompeii

De zon had dagenlang genadeloos op de stad Pompeii gebonsd. De inwoners waren gewend aan de hitte, maar zelfs zij **begonnen de** gevolgen van de **niet aflatende** hittegolf te voelen. Water werd schaars, en de gemoederen begonnen op te lopen. Op de ochtend van 24 augustus ging het bergafwaarts. Een zware aardbeving deed de stad schudden, gevolgd door een uitbarsting van de Vesuvius die Pompeii bedekte met dikke **vulkanische** as. De burgers probeerden in paniek de dodelijke wolk te ontvluchten. Maar het was te laat; binnen enkele uren was Pompeii bedolven onder miljoenen tonnen steen en as. Eeuwenlang **bleef** Pompeii verborgen onder zijn graf van vulkanisch puin. Maar in 1748 herontdekte een groep ontdekkingsreizigers de lang verloren stad - en wat zij vonden was zowel fascinerend als hartverscheurend. **Onder** de as lag een perfect bewaard gebleven momentopname van het Romeinse leven... samen met de lichamen van degenen die niet op tijd waren ontsnapt.

Het eerste wat me opviel was de stilte. Na eeuwen begraven te zijn geweest onder de as, was Pompeii

Το πρώτο πράγμα που μου έκανε εντύπωση ήταν η σιωπή. Μετά από αιώνες που ήταν θαμμένη κάτω από τη στάχτη, η Πομπηία ήταν τρομακτικά ήσυχη. Το δεύτερο πράγμα που παρατήρησα ήταν τα πτώματα - **εκατοντάδες** από αυτά, παγωμένα στο χρόνο. Ήταν ένα **απογοητευτικό** θέαμα. Καθώς εξερευνούσαμε περισσότερο, αρχίσαμε να κατανοούμε καλύτερα τι είχε συμβεί εκείνη τη μοιραία ημέρα. Μπορούσαμε να δούμε πού οι άνθρωποι είχαν προσπαθήσει να διαφύγουν, αλλά είχαν καταπλακωθεί από τα ηφαιστειακά συντρίμμια. Σε ορισμένες περιπτώσεις, ολόκληρες οικογένειες είχαν διασωθεί - μητέρα και παιδί στριμωγμένα μαζί στις τελευταίες τους **στιγμές**. Ήταν τόσο τραγικό όσο και **συναρπαστικό** να βλέπουμε την Πομπηία όπως ήταν κάποτε - μια πολυσύχναστη πόλη γεμάτη ζωή, που τώρα έχει μετατραπεί σε μια πόλη-φάντασμα γεμάτη θάνατο.

Παρά την τραγωδία όσων συνέβησαν, η Πομπηία έχει κάτι παράξενα όμορφο. Κατά κάποιον τρόπο, είναι σαν να κοιτάζεις μια χρονοκάψουλα - μια ματιά σε έναν άλλο κόσμο που χάθηκε πριν από πολύ καιρό. Καθώς περπατούσαμε στους δρόμους και βλέπαμε τα **καθημερινά αντικείμενα** που είχαν διατηρηθεί από τη στάχτη, δεν μπορούσα παρά να νιώσω μια αίσθηση θαυμασμού. Ήταν σαν να είχα μεταφερθεί πίσω στο χρόνο. Και κατά κάποιον τρόπο, νομίζω ότι αυτό θα είναι πάντα η Πομπηία - ένα μέρος όπου ο χρόνος σταματάει.

griezelig stil. Het tweede wat me opviel waren de lichamen - **honderden**, bevroren in de tijd. Het was een **ontnuchterend** gezicht. Naarmate we verder verkenden, begonnen we beter te begrijpen wat er op die noodlottige dag was gebeurd. We konden zien waar mensen hadden geprobeerd te vluchten, maar door het vulkanische puin waren bedolven. In sommige gevallen waren hele families bewaard gebleven - moeder en kind ineengedoken in hun laatste **momenten**. Het was zowel tragisch als **fascinerend** om Pompeii te zien zoals het ooit was - een bruisende stad vol leven, nu gereduceerd tot een spookstad vol dood.

Ondanks de tragedie van wat er gebeurd is, heeft Pompeii iets vreemds en moois. In zekere zin is het alsof je naar een tijdscapsule kijkt - een glimp van een andere wereld die lang geleden verloren is gegaan. Terwijl we door de straten liepen en de **alledaagse voorwerpen zagen** die door de as bewaard waren gebleven, kon ik niet anders dan een gevoel van verwondering ervaren. Het was alsof ik terug in de tijd werd gebracht. En in zekere zin denk ik dat Pompeii dat altijd zal zijn - een plaats waar de tijd stilstaat.

Ερωτήσεις κατανόησης

1.Πόσο καιρό η Πομπηία ήταν θαμμένη κάτω από το σωρό της τέφρας;

2. Πώς έμοιαζε όταν οι άνθρωποι προσπαθούσαν να ξεφύγουν από την ηφαιστειακή τέφρα;

3. Υπήρχαν μέρη όπου οι άνθρωποι μπορούσαν να αναζητήσουν ασφάλεια από τη στάχτη;

4. Γιατί τα σώματα των ανθρώπων που θάφτηκαν στην Πομπηία είναι τόσο καλά διατηρημένα;

5. Τι το ιδιαίτερο έχει η Πομπηία που την κάνει να διαφέρει από άλλες πόλεις;

6. Πώς αντιδρούν συνήθως οι άνθρωποι στη ζέστη στην Πομπηία;

7. Τι έκανε την Πομπηία να ανακαλυφθεί εκ νέου;

8. Πώς ήταν η Πομπηία πριν από την έκρηξη του ηφαιστείου;

9. Τι αισθήματα είχε ο συγγραφέας όταν επισκέφθηκε την Πομπηία;

10. Τι πιστεύει ο συγγραφέας για την Πομπηία στο σύνολό της;

Begrip vragen

1. Hoe lang was Pompeii begraven onder de aslaag?

2. Hoe zag het eruit toen mensen probeerden te vluchten voor de vulkanische as?

3. Waren er plaatsen waar mensen veiligheid konden zoeken voor de as?

4. Waarom zijn de lichamen van de mensen die in Pompeii begraven zijn zo goed bewaard gebleven?

5. Wat is er speciaal aan Pompeii dat het anders maakt dan andere steden?

6. Hoe reageren mensen gewoonlijk op de hitte in Pompeii?

7. Waardoor werd Pompeii herontdekt?

8. Hoe zag Pompeii eruit voor de uitbarsting van de vulkaan?

9. Welke gevoelens had de schrijver toen hij Pompeii bezocht?

10. Wat denkt de auteur over Pompeii in zijn geheel?

Η Αθήνα την άνοιξη

Το πρώτο πράγμα που παρατηρείτε όταν φτάνετε στην Αθήνα είναι η ζέστη. Σε χτυπάει σαν τοίχος, ακόμη και αν έρχεσαι από κάποιο ζεστό μέρος. Το δεύτερο πράγμα είναι ο θόρυβος - φαίνεται ότι όλοι μιλούν ταυτόχρονα και πάντα παίζει κάπου **μουσική.** Αλλά μετά από λίγες μέρες, αρχίζεις να το συνηθίζεις και αρχίζεις να εκτιμάς την πόλη για τη χαοτική της **ενέργεια**. Η άνοιξη είναι μια από τις καλύτερες εποχές για να βρεθείς στην Αθήνα. Ο καιρός είναι τέλειος - ούτε πολύ ζέστη, ούτε πολύ κρύο - και τα πάντα ζωντανεύουν. Τα δέντρα ανθίζουν, τα λουλούδια έχουν βγει και όπου κι αν κοιτάξεις, υπάρχει κάτι **όμορφο** να δεις. Ακόμα και τα **κτίρια που** είναι καλυμμένα με γκράφιτι έχουν μια κάποια **γοητεία** υπό αυτό το φως. Πάντα κάτι συμβαίνει στην Αθήνα είναι πάντα ζωντανή - είτε πρόκειται για ένα φεστιβάλ δρόμου, είτε για ζωντανή μουσική, είτε απλά για ανθρώπους που κάθονται έξω και απολαμβάνουν έναν καφέ ή μια μπύρα (ή και τα δύο).

Υπάρχει ένα αίσθημα χαράς στον αέρα που κάνει ακόμα και τους ξένους να φαίνονται σαν φίλοι. Όλοι φαίνονται ευτυχισμένοι που βρίσκονται εδώ, ζώντας τη ζωή μέσα σε όλη αυτή την ιστορία και τον πολιτισμό. Αν θέλετε να **ζήσετε** πραγματικά την

Athene in de lente

Het eerste wat je opvalt als je in Athene aankomt, is de hitte. Die slaat als een muur op je in, zelfs als je van een warme plek komt. Het tweede ding is het lawaai - het lijkt wel of iedereen tegelijk praat en er speelt altijd wel ergens **muziek**. Maar na een paar dagen begin je eraan te wennen en begin je de stad te waarderen om zijn chaotische **energie**. De lente is een van de beste tijden om in Athene te zijn. Het weer is perfect - niet te warm, niet te koud - en alles komt tot leven. De bomen bloeien, de bloemen staan in bloei, en overal waar je kijkt, is er wel iets **moois** te zien. Zelfs de met graffiti bedekte **gebouwen** hebben in dit licht een zekere **charme**. Er is altijd wel iets te beleven in Athene - of het nu een straatfestival is, live muziek, of gewoon mensen die buiten zitten te genieten van een kopje koffie of een biertje (of allebei).

Er hangt een gevoel van vreugde in de lucht dat zelfs vreemden als vrienden doet lijken. Iedereen lijkt blij te zijn om hier te zijn, om te leven temidden van al deze geschiedenis en cultuur. Als je Athene echt op zijn best wilt **ervaren**, kom dan in de **lente - je zult er geen** spijt van krijgen! Het was mijn eerste keer in Athene, en ik was meteen gecharmeerd van de stad. Het weer was perfect, het eten was heerlijk, en er was altijd wat te

Αθήνα στα καλύτερά της, ελάτε την **άνοιξη** - δεν θα
το μετανιώσετε! Ήταν η πρώτη μου φορά στην Αθήνα
και γοητεύτηκα αμέσως από την πόλη. Ο καιρός ήταν
τέλειος, το φαγητό νόστιμο και πάντα υπήρχε κάτι να
κάνει κανείς. Μου άρεσε να **περιπλανιέμαι** άσκοπα,
απολαμβάνοντας όλα τα αξιοθέατα και τους ήχους
αυτού του ζωντανού τόπου. Ένα απόγευμα, βρέθηκα σε
μια περιοχή γεμάτη μικρά καταστήματα που πωλούσαν
τα πάντα, από σουβενίρ μέχρι χειροποίητα κοσμήματα.
Σταμάτησα σε μια μικρή καφετέρια για έναν καφέ και
παρακολουθούσα τον κόσμο που περνούσε - ντόπιους
και τουρίστες. Φαινόταν να υπάρχει ένα πραγματικό
μείγμα πολιτισμών εδώ, και όλοι έδειχναν να τα πάνε
τέλεια μαζί. Κάθισα εκεί για ώρες, **παρατηρώντας** τους
ανθρώπους και απολαμβάνοντας την ατμόσφαιρα,
μέχρι που άρχισε να σκοτεινιάζει. Καθώς επέστρεφα
στο ξενοδοχείο μου, ένιωθα πραγματικά ευτυχισμένη -
σαν να ανήκα εδώ.

Η Ελλάδα ήταν πάντα ένα από εκείνα τα μέρη που
ήταν στη λίστα μου, αλλά για τον ένα ή τον άλλο λόγο,
ποτέ δεν κατάφερα να την επισκεφτώ - μέχρι τώρα.
Και επιτρέψτε μου να σας πω, δεν **με απογοήτευσε!**
Η Αθήνα είναι μια απίστευτη πόλη με τόση **ιστορία** και
πολιτισμό (για να μην αναφέρω το υπέροχο φαγητό!)
Είναι αδύνατο να μην την ερωτευτείς αμέσως με την
άφιξή σου. Ήθελα να επισκεφτώ την Αθήνα εδώ και
χρόνια, αλλά με κάποιο τρόπο πάντα κατέληγα να
πηγαίνω κάπου αλλού.

doen. Ik vond het heerlijk om doelloos rond te **dwalen** en alle bezienswaardigheden en geluiden van deze bruisende plek in me op te nemen. Op een middag bevond ik me in een gebied vol met kleine winkeltjes die van alles verkochten, van souvenirs tot handgemaakte sieraden. Ik **stopte** bij een cafeetje voor een koffie en keek naar de mensen die voorbij liepen - zowel locals als toeristen. Er leek hier een echte mix van culturen te zijn, en iedereen leek het goed met elkaar te kunnen vinden. Ik zat daar urenlang mensen **te kijken** en de sfeer op **te snuiven**, tot het donker begon te worden. Toen ik terugging naar mijn hotel, voelde ik me echt gelukkig - alsof ik hier thuishoorde.

Griekenland is altijd een van die plaatsen geweest die op mijn bucket list stonden, maar om de een of andere reden ben ik er nooit aan toe gekomen - tot nu. En laat me je vertellen, het **stelde** niet teleur! Athene is een ongelooflijke stad met zoveel **geschiedenis** en cultuur (en niet te vergeten heerlijk eten!) Het is onmogelijk om er niet meteen verliefd op te worden bij aankomst. Ik wilde Athene al jaren bezoeken, maar op de een of andere manier belandde ik altijd ergens anders.

Ερωτήσεις κατανόησης

1. Ποια είναι τα δύο πρώτα πράγματα που παρατηρείτε όταν φτάνετε στην Αθήνα;

2. Πώς σας κάνει να αισθάνεστε η πόλη;

3. Ποιο είναι το αγαπημένο σας πράγμα στην Αθήνα;

4. Τι μπορείτε να κάνετε στην Αθήνα;

5. Πώς είναι ο καιρός στην Αθήνα;

6. Ποια είναι η ιστορία της Αθήνας;

7. Ποια είναι η κουλτούρα της Αθήνας;

8. Πώς είναι το φαγητό στην Αθήνα;

9. Πώς είναι οι άνθρωποι στην Αθήνα;

10. Γιατί κάποιος πρέπει να επισκεφθεί την Αθήνα;

Begrip vragen

1. Wat zijn de eerste twee dingen die je opvallen als je in Athene aankomt?

2. Hoe voelt u zich in de stad?

3. Wat is je favoriete ding in Athene?

4. Wat is er te doen in Athene?

5. Hoe is het weer in Athene?

6. Wat is de geschiedenis van Athene?

7. Wat is de cultuur van Athene?

8. Hoe is het eten in Athene?

9. Hoe zijn de mensen in Athene?

10. Waarom zou iemand Athene moeten bezoeken?

Μια μέρα στη Μύκονο

Ο ήλιος μόλις ξεπρόβαλλε από τον ορίζοντα όταν βγήκα στο μπαλκόνι της βίλας μου. Η θέα έκοβε την ανάσα, όπως πάντα στη Μύκονο. Ο αστραφτερός ωκεανός, οι **παραλίες** με τη λευκή άμμο και τα πολύχρωμα σπίτια που ήταν διάσπαρτα στο τοπίο, όλα μαζί δημιουργούσαν ένα σκηνικό που έμοιαζε σαν να ήταν βγαλμένο από καρτ ποστάλ. Πήρα μια βαθιά ανάσα και εισέπνευσα τον καθαρό αέρα της θάλασσας. Θα ήταν άλλη μια **όμορφη** μέρα στον παράδεισο. Γύρισα μέσα και ντύθηκα για το πρωινό. Είχα κάνει κράτηση σε ένα από τα πιο δημοφιλή εστιατόρια του νησιού, γι' αυτό ήθελα να δείχνω τον καλύτερό μου εαυτό. Όταν έφτασα, υπήρχε ήδη μια μεγάλη ουρά απ' έξω που περίμενε να μπει. Αλλά ευτυχώς, η **κράτησή** μου σήμαινε ότι μπορούσα να παρακάμψω όλα αυτά και να πάω κατευθείαν στο τραπέζι μου. Μόλις κάθισα, οι **σερβιτόροι** άρχισαν να φέρνουν πιατέλες με φαγητό - αυγά μαγειρεμένα με κάθε τρόπο που μπορεί να φανταστεί κανείς, μπέικον, λουκάνικα, τηγανίτες **που έσταζαν** σιρόπι και πολλά άλλα! Το στόμα μου άρχισε να τρέχει και μόνο που τα έβλεπα όλα αυτά! Και φυσικά, κανένα γεύμα στην Ελλάδα δεν θα ήταν πλήρες χωρίς φέτα και **ελιές** στο πλάι.

Een dag op Mykonos

De zon scheen net over de horizon toen ik het balkon van mijn villa opliep. Het uitzicht was adembenemend, zoals het altijd is in Mykonos. De glinsterende oceaan, de witte **zandstranden** en de kleurrijke huizen in het landschap vormden samen een tafereel dat zo uit een ansichtkaart leek te komen. Ik haalde diep adem en ademde de frisse zeelucht in. Het zou weer een **mooie** dag in het paradijs worden. Ik ging terug naar binnen en kleedde me aan voor het ontbijt. Ik had gereserveerd bij een van de populairste restaurants op het eiland, dus ik wilde er op mijn best uitzien. Toen ik aankwam, stond er al een lange rij buiten te wachten om binnen te komen. Maar gelukkig kon ik dankzij mijn **reservering dat allemaal omzeilen** en direct naar mijn tafel gaan. Zodra ik ging zitten, kwamen **de obers** met schalen vol eten: eieren op alle denkbare manieren gebakken, spek, worstjes, pannenkoeken **met** stroop en nog veel meer! Mijn mond begon al te watertanden bij het zien van dit alles! En natuurlijk zou geen maaltijd in Griekenland compleet zijn zonder feta en **olijven**.

Ik at tot ik helemaal vol zat, en leunde toen met een tevreden zucht achterover in mijn stoel. Op dat moment

Έφαγα μέχρι να χορτάσω, και μετά έγειρα στην καρέκλα μου με έναν ικανοποιημένο αναστεναγμό. Εκείνη τη στιγμή, **παρατήρησα** κάποιον που περνούσε και μου φαινόταν γνωστός. Μου πήρε μια στιγμή να τους εντοπίσω, αλλά μετά θυμήθηκα ότι ήταν ηθοποιοί από το Χόλιγουντ. Μου έγνεψε ευγενικά καθώς περνούσε, και έκανα το ίδιο πριν γυρίσω πίσω για να απολαύσω το υπόλοιπο γεύμα μου. Μετά το πρωινό, αποφάσισα να περιπλανηθώ **στην** πόλη και να κάνω μερικά ψώνια. Οι δρόμοι ήταν ήδη γεμάτοι από κόσμο, τόσο ντόπιους όσο και τουρίστες. Τα καταστήματα εδώ είναι τόσο μοναδικά, και πάντα υπάρχει κάτι καινούργιο να ανακαλύψεις. Πρέπει να **πέρασα** ώρες περιηγούμενη σε όλα τα διαφορετικά καταστήματα προτού τελικά επιστρέψω στη βίλα μου. Καθώς περπατούσα, δεν μπορούσα παρά να παρατηρήσω πόσοι όμορφοι άνθρωποι υπήρχαν στη Μύκονο. Φαίνεται ότι όπου κι αν γυρίσεις, υπάρχει **κάποιος** που μοιάζει σαν να βγήκε από διαφήμιση περιοδικού. Ακόμα και οι ηλικιωμένοι εδώ φαίνεται να έχουν γεράσει με χάρη, χωρίς ούτε μια **ρυτίδα**! Είχα αρχίσει να πεινάω και πάλι λίγο, οπότε αποφάσισα να σταματήσω σε μια από τις καφετέριες για μια γρήγορη μπουκιά πριν πάω σπίτι για φαγητό. Καθώς περίμενα την παραγγελία μου, παρακολουθούσα τον κόσμο από τη θέση μου έξω. Υπήρχε ένα ενδιαφέρον μείγμα ανθρώπων που περνούσαν από εκεί - νεαροί χίπηδες, **πλούσιοι** κοσμικοί, οικογένειες σε διακοπές κ.λπ.

zag ik iemand voorbij lopen die me bekend voorkwam. Het kostte me even om ze te plaatsen, maar toen herinnerde ik me dat het acteurs uit Hollywood waren. Hij knikte beleefd toen hij langsliep, en ik deed hetzelfde voordat ik me weer omdraaide om van de rest van mijn maaltijd te genieten. Na het ontbijt besloot ik **door de** stad te lopen en wat te winkelen. De straten waren al overvol met mensen, zowel locals als toeristen. De winkels hier zijn zo uniek, en er is altijd wel iets nieuws te ontdekken. Ik **heb** zeker uren rondgesnuffeld in alle verschillende winkels voordat ik eindelijk mijn weg terug naar mijn villa vond. Terwijl ik liep, viel het me op hoeveel mooie mensen er in Mykonos waren. Het lijkt wel of overal waar je je draait, er **iemand is** die eruit ziet alsof ze net uit een tijdschrift advertentie zijn gestapt. Zelfs de oudere mensen hier lijken gracieus ouder te zijn geworden zonder een **rimpel** in zicht! Ik begon weer een beetje honger te krijgen, dus besloot ik bij een van de cafés te stoppen voor een snelle hap voordat ik naar huis ging voor de lunch. Terwijl ik wachtte op mijn bestelling, keek ik naar de mensen vanaf mijn stoel buiten. Er was een interessante mix van mensen die voorbij kwamen - jonge hippies, **rijke** mensen, gezinnen op vakantie, enz.

Ερωτήσεις κατανόησης

1. Πού βρίσκεται ο αφηγητής όταν βγαίνει για πρώτη φορά από τη βίλα του;

2. Ποια χρώματα είναι εμφανή στη θέα από τη βίλα του αφηγητή;

3. Τι κάνει ο αφηγητής μετά το πρωινό;

4. Τι είδους ανθρώπους βλέπει ο αφηγητής την ώρα που παρακολουθεί τον κόσμο;

5. Τι είδους φαγητό τρώει ο αφηγητής για μεσημεριανό γεύμα;

6. Πώς αισθάνεται ο αφηγητής μετά το γεύμα;

7. Τι κάνει ο αφηγητής όταν φτάνουν στην παραλία;

8. Πώς είναι ο ωκεανός όπου κολυμπάει ο αφηγητής;

9. Τι είδους πουλιά βλέπει ο αφηγητής ενώ κολυμπούν;

10. Πώς αισθάνεται ο αφηγητής όταν ξαπλώνει στην πετσέτα του;

Begrip vragen

1. Waar is de verteller als ze voor het eerst uit hun villa stappen?

2. Welke kleuren zijn prominent aanwezig in het uitzicht vanuit de villa van de verteller?

3. Wat doet de verteller na het ontbijt?

4. Wat voor soort mensen ziet de verteller terwijl ze aan het mensen kijken zijn?

5. Wat voor eten heeft de verteller voor de lunch?

6. Hoe voelt de verteller zich na de lunch?

7. Wat doet de verteller als ze op het strand zijn?

8. Hoe ziet de oceaan eruit waar de verteller zwemt?

9. Wat voor vogels ziet de verteller terwijl ze zwemmen?

10. Hoe voelt de verteller zich als hij op zijn handdoek ligt?

Ηλιοβασιλέματα της Σαντορίνης

Ο ήλιος έδυε στον ορίζοντα, βάφοντας τον ουρανό σε ένα φάσμα πορτοκαλί, ροζ και μοβ χρωμάτων. Τα κύματα **χτυπούσαν στα** βράχια, στέλνοντας έναν ψεκασμό αλμυρού νερού. Τα ηλιοβασιλέματα της Σαντορίνης ήταν από τα πιο όμορφα στον πλανήτη, και είχα την τύχη να τα παρακολουθήσω. Κατέβηκα στην παραλία, θαυμάζοντας τον τρόπο με τον οποίο το φως χόρευε πάνω στο νερό. Έμοιαζε σαν να είχαν διασκορπιστεί εκατομμύρια **διαμάντια στην** επιφάνειά του. Κάθισα στην άμμο και παρακολούθησα τον ήλιο να **χάνεται** αργά πίσω από τον ορίζοντα, αφήνοντας πίσω του ένα ίχνος από φλογερά κόκκινα και πορτοκαλί χρώματα. Καθώς άρχισε να πέφτει η νύχτα, σηκώθηκα και επέστρεψα στο δωμάτιο του ξενοδοχείου μου. Αύριο θα ήταν μια άλλη μέρα γεμάτη περιπέτεια - αλλά προς το παρόν, ήθελα να απολαύσω αυτό το **σπουδαίο** ηλιοβασίλεμα. Ξύπνησα νωρίς το επόμενο πρωί, ανυπόμονος να εξερευνήσω τα ηλιοβασιλέματα της Σαντορίνης. Είχα ακούσει τόσα πολλά γι' αυτό και επιτέλους ήμουν εδώ. Μετά το **πρωινό**, κατέβηκα ξανά στην παραλία και άρχισα να εξερευνώ τα βράχια. Η θέα από εδώ πάνω ήταν ακόμη πιο μαγευτική από ό,τι από

Santorini Zonsondergangen

De zon ging onder aan de horizon en schilderde de lucht in een spectrum van oranje, roze en paars. De golven beukten **tegen** de kliffen en verspreidden een nevel van zout water. De zonsondergangen op Santorini behoren tot de mooiste ter wereld, en ik had het geluk daarvan getuige te zijn. Ik liep naar het strand en bewonderde de manier waarop het licht op het water danste. Het leek wel of er een miljoen **diamanten** over het oppervlak waren uitgestrooid. Ik ging op het zand zitten en keek toe hoe de zon langzaam achter de horizon **verdween**, een spoor van vurige rode en oranje kleuren achterlatend. Toen de avond begon te vallen, stond ik op en ging terug naar mijn hotelkamer. Morgen zou er weer een dag vol avontuur zijn - maar voor nu wilde ik genieten van deze **gedenkwaardige** zonsondergang. De volgende morgen stond ik vroeg op, enthousiast om de zonsondergang van Santorini te verkennen. Ik had er zoveel over gehoord en nu was ik er eindelijk. Na **het ontbijt** liep ik weer naar het strand en begon de kliffen te verkennen. Het uitzicht van hierboven was nog adembenemender dan van beneden.

κάτω.

Πέρασα ώρες περπατώντας, απολαμβάνοντας τα αξιοθέατα και τους ήχους αυτού του μαγικού τόπου. Καθώς η μέρα άρχισε να τελειώνει, επέστρεψα στην **παραλία για** μια τελευταία φορά. Ήθελα να παρακολουθήσω το **ηλιοβασίλεμα** άλλη μια φορά πριν αφήσω πίσω μου αυτόν τον παράδεισο. Για άλλη μια φορά, κάθισα στην άμμο και παρακολούθησα τη νύχτα να πέφτει αργά πάνω από τα ηλιοβασιλέματα της Σαντορίνης. Τα αστέρια είχαν βγει σε πλήρη ισχύ απόψε, λαμπυρίζοντας έντονα στο φόντο ενός καθαρού ουρανού. Ήταν πραγματικά ένα αξιοθέατο που δεν θα ξεχάσω ποτέ. " Το επόμενο πρωί, μάζεψα τις βαλίτσες μου και έφυγα από το δωμάτιο του ξενοδοχείου μου. Ήταν καιρός να επιστρέψω στο σπίτι μου - αλλά ήξερα ότι θα επέστρεφα. Τα ηλιοβασιλέματα της Σαντορίνης είχαν κλέψει την καρδιά μου και ήξερα ότι θα **ονειρευόμουν** αυτό το μέρος για τα επόμενα χρόνια. Καθώς το αεροπλάνο απογειωνόταν, παρακολουθούσα το νησί να χάνεται αργά στο βάθος. Αλλά ακόμη και από εδώ ψηλά, μπορούσα να δω την ομορφιά των ηλιοβασιλέματος της Σαντορίνης. Ήταν ένα **μέρος** που θα είχε πάντα μια ξεχωριστή θέση στην καρδιά μου. "

Ik heb uren rondgelopen en de bezienswaardigheden en geluiden van deze magische plek in me opgenomen. Toen de dag begon af te nemen, ging ik nog een laatste keer terug naar het **strand**. Ik wilde nog één keer de **zonsondergang** zien voordat ik dit paradijs achter me liet. Nogmaals, ik zat op het zand en keek hoe de nacht langzaam viel over Santorini Sunsets. De sterren waren vanavond in volle pracht te zien, helder fonkelend tegen de achtergrond van een heldere hemel. Het was echt een zicht om te aanschouwen, één dat ik nooit zou vergeten. "De volgende ochtend, pakte ik mijn koffers en checkte uit uit mijn hotelkamer. Het was tijd om terug naar huis te gaan - maar ik wist dat ik terug zou komen. De zonsondergang op Santorini had mijn hart gestolen en ik wist dat ik nog jaren van deze plek zou dromen. Toen het vliegtuig opsteeg, keek ik toe hoe het eiland langzaam in de verte verdween. Maar zelfs van hier kon ik nog steeds de schoonheid van de zonsondergangen op Santorini zien. Het was een **plek** die altijd een speciaal plekje in mijn hart zou hebben. "

Ερωτήσεις κατανόησης

1. Ποια χρώματα υπήρχαν στον ουρανό κατά τη διάρκεια του ηλιοβασιλέματος;

2. Με τι συγκρίνει ο συγγραφέας τα κύματα;

3. Τι λέει ο συγγραφέας για τα ηλιοβασιλέματα της Σαντορίνης;

4. Από πού παρακολούθησε ο συγγραφέας το ηλιοβασίλεμα;

5. Τι ώρα της ημέρας ο συγγραφέας παρακολούθησε το ηλιοβασίλεμα;

6. Τι έκανε ο συγγραφέας αφού παρακολούθησε το ηλιοβασίλεμα;

7. Τι έκανε ο συγγραφέας την επόμενη μέρα;

8. Τι πιστεύει ο συγγραφέας για τα ηλιοβασιλέματα της Σαντορίνης;

Begrip vragen

1. Welke kleuren waren er in de lucht tijdens de zonsondergang?

2. Waarmee vergelijkt de auteur de golven?

3. Wat zegt de auteur over de zonsondergang op Santorini?

4. Van waar heeft de auteur de zonsondergang gezien?

5. Op welk uur van de dag zag de schrijver de zonsondergang?

6. Wat heeft de schrijver gedaan nadat hij de zonsondergang had gezien?

7. Wat deed de auteur de volgende dag?

8. Wat vond de auteur van de zonsondergang op Santorini?

Ο Παρθενώνας τη νύχτα

Ο Παρθενώνας τη νύχτα είναι ένα αξιοθέατο. Ο αρχαίος ελληνικός ναός **φωτίζεται από το** φως της πανσελήνου και ρίχνει μια απόκοσμη λάμψη πάνω από τα ερείπια. Είναι σαν να έχει σταματήσει ο χρόνος και μπορείτε σχεδόν να φανταστείτε τα φαντάσματα των αρχαίων Ελλήνων να περπατούν ανάμεσα στους κίονες. Πλησιάζετε το ναό **προσεκτικά**, μισοπεριμένοντας ότι κάτι θα σας πεταχτεί από τις **σκιές**. Αλλά όλα είναι ήσυχα, εκτός από τον ήχο των δικών σας βημάτων που αντηχούν στο πέτρινο δάπεδο. Καθώς εισέρχεστε στην κύρια αίθουσα, εντυπωσιάζεστε από το μέγεθος και το μεγαλείο της. Δεν μπορείτε παρά να νιώσετε ένα αίσθημα ευλάβειας γι' αυτό το μέρος, παρά την τρέχουσα κατάσταση **ερείπωσης**. Περιπλανιέστε για λίγο, απολαμβάνοντας όλες τις **λεπτομέρειες** αυτού του απίστευτου οικοδομήματος. Τελικά, επιστρέφετε έξω και κάθεστε σε ένα από τα σκαλοπάτια για να απολαύσετε τη θέα για λίγο **ακόμα** πριν επιστρέψετε στο σπίτι σας. "

Καθώς κάθεστε εκεί και κοιτάτε τον Παρθενώνα, δεν μπορείτε παρά να **αναρωτηθείτε** πώς πρέπει να ήταν στην ακμή του. Τι είδους γεγονότα λάμβαναν χώρα εδώ; Ποιοι ήταν οι άνθρωποι που λάτρευαν σε αυτόν τον

Het Parthenon bij Nacht

Het Parthenon bij nacht is een lust voor het oog. De oude Griekse tempel wordt **verlicht** door het licht van de volle maan, en dat werpt een griezelige gloed over de ruïnes. Het is alsof de tijd heeft stilgestaan en je kunt je bijna voorstellen dat de geesten van de oude Grieken tussen de zuilen lopen. Je nadert de tempel **behoedzaam**, half verwachtend dat er iets uit de **schaduwen** op je af zal springen. Maar alles is stil, behalve het geluid van je eigen voetstappen dat weerklinkt op de stenen vloer. Als je de hoofdkamer binnenkomt, ben je onder de indruk van de grootte en grootsheid. Je voelt een gevoel van eerbied voor deze plek, ondanks zijn huidige staat van **verval**. Je dwaalt een tijdje rond en neemt alle **details** van dit ongelooflijke bouwwerk in je op. Uiteindelijk keer je terug naar buiten en ga je op een van de trappen zitten om nog wat **langer** van het uitzicht te genieten voordat je weer naar huis gaat. "

Als je naar het Parthenon zit te kijken, vraag je **je af** hoe het er in zijn hoogtijdagen uitgezien moet hebben. Wat voor gebeurtenissen vonden hier plaats? Wie waren de mensen die in deze tempel aanbaden? Je staat op

ναό; Σηκώνεστε και περπατάτε προς την άλλη πλευρά του **κτιρίου**, όπου βλέπετε μια μικρή πόρτα **που οδηγεί** σε έναν από τους θαλάμους. Διστάζετε για μια στιγμή, χωρίς να είστε σίγουροι αν πρέπει να μπείτε μέσα. Αλλά στη συνέχεια η περιέργεια σε κυριεύει και μπαίνεις μέσα στο σκοτάδι. Μόλις τα μάτια σας προσαρμοστούν στην έλλειψη φωτός, αρχίζετε να διακρίνετε κάποια αμυδρά σημάδια στους τοίχους. Καθώς πλησιάζετε, συνειδητοποιείτε ότι βλέπετε αρχαία ελληνικά **γραπτά**! Δεν μπορείτε να πιστέψετε ότι **στέκεστε** μπροστά σε ένα πραγματικό ιστορικό τεχνούργημα. Περνάτε τις επόμενες ώρες εξερευνώντας τους υπόλοιπους θαλάμους, θαυμάζοντας όλες τις αρχαίες γραφές και τα γλυπτά. Είναι σαν να έχετε **μεταφερθεί** πίσω στο χρόνο!

Καθώς ο ήλιος αρχίζει να ανατέλλει, ξέρετε ότι ήρθε η ώρα να φύγετε. Αλλά δεν μπορείς να μην αισθανθείς μια μικρή θλίψη καθώς φεύγεις από αυτό το μέρος. **Υπόσχεσαι** στον εαυτό σου ότι θα επιστρέψεις και θα εξερευνήσεις περισσότερο κάποια άλλη μέρα. Καθώς απομακρύνεστε από τον **Παρθενώνα,** δεν μπορείτε παρά να νιώσετε ένα αίσθημα θαυμασμού για όλα όσα είδατε. Είναι σαν αυτό το μέρος να έχει **παγώσει** στο χρόνο και νιώθετε τυχεροί που το ζήσατε από πρώτο χέρι. Δεν θα ξεχάσετε ποτέ την αίσθηση του να στέκεστε μέσα σε αυτούς τους αρχαίους θαλάμους, περιτριγυρισμένοι από την ιστορία.

en loopt naar de andere kant van het **gebouw**, waar je een kleine deur ziet **die toegang geeft** tot een van de kamers. Je aarzelt even, twijfelt of je naar binnen moet gaan. Maar dan overmeestert je nieuwsgierigheid je en je stapt naar binnen, de duisternis in. Als je ogen eenmaal aan het gebrek aan licht gewend zijn, begin je wat vage tekens op de muren te zien. Als je dichterbij komt, realiseer je je dat je kijkt naar oude Griekse **geschriften**! Je kunt niet geloven dat je voor een echt historisch artefact staat. De volgende paar uur verken je de rest van de kamers, verwonderd over alle oude geschriften en houtsnijwerk. Het is alsof je terug in de tijd bent **getransporteerd**!

Als de zon opkomt, weet je dat het tijd is om te gaan. Maar je kunt het niet helpen, maar je voelt je een beetje verdrietig als je deze plek verlaat. Je **belooft** jezelf dat je op een andere dag terugkomt om nog wat meer te ontdekken. Terwijl je wegloopt van het **Parthenon**, voel je een gevoel van verwondering over alles wat je hebt gezien. Het is alsof deze plek is **bevroren** in de tijd, en je voelt je gelukkig dat je het zelf hebt kunnen ervaren. Je zult nooit vergeten hoe het voelt om in die oude zalen te staan, omringd door geschiedenis. Het Parthenon is echt een **magische** plek, en je kunt niet wachten om terug te komen en het verder te verkennen.

Ερωτήσεις κατανόησης

1. Πώς είναι ο Παρθενώνας τη νύχτα;

2. Από τι είναι φτιαγμένος ο Παρθενώνας;

3. Πόσο παλιός είναι ο Παρθενώνας;

4. Για ποιο σκοπό χρησιμοποιούνταν ο Παρθενώνας στην αρχαιότητα;

5. Ποιος έχτισε τον Παρθενώνα;

6. Πόσες στήλες υπάρχουν στον Παρθενώνα;

7. Ποια είναι η σημασία του Παρθενώνα;

8. Τι αντιπροσωπεύει ο Παρθενώνας για τους Έλληνες;

9. Πώς διατηρήθηκε ο Παρθενώνας με την πάροδο των ετών;

10. Ποιο είναι το μέλλον του Παρθενώνα;

Begrip vragen

1. Hoe ziet het Parthenon er 's nachts uit?

2. Waar is het Parthenon van gemaakt?

3. Hoe oud is het Parthenon?

4. Waarvoor werd het Parthenon in de oudheid gebruikt?

5. Wie bouwde het Parthenon?

6. Hoeveel zuilen staan er in het Parthenon?

7. Wat is de betekenis van het Parthenon?

8. Wat vertegenwoordigt het Parthenon voor het Griekse volk?

9. Hoe is het Parthenon in de loop der jaren bewaard gebleven?

10. Wat is de toekomst van het Parthenon?

Δρόμοι της Ρόδου

Οι δρόμοι της Ρόδου είναι πάντα πολυσύχναστοι. Δεν υπάρχει στιγμή που να μην συμβαίνει κάτι. **Είτε** πρόκειται για ανθρώπους που περπατούν, είτε για αυτοκίνητα που κορνάρουν, είτε για τον **ήχο** της μουσικής που ακούγεται από ένα από τα πολλά καφέ, οι δρόμοι είναι πάντα ζωντανοί από δραστηριότητα. **Θυμάμαι** μια φορά που περπατούσα στο δρόμο και είδα μια γυναίκα που έμοιαζε σαν να ήταν έτοιμη να λιποθυμήσει. Έτρεξα προς το μέρος της και τη βοήθησα σε ένα παγκάκι όπου μπορούσε να καθίσει. Τη ρώτησα αν ήταν καλά και μου είπε ότι **ήθελε** απλώς λίγο νερό. Ποτέ δεν ξέρεις τι θα δεις ή ποιον θα συναντήσεις. Αυτό είναι ένα μέρος αυτού που το κάνει τόσο **συναρπαστικό**! Καθώς περπατούσα στο δρόμο, δεν μπορούσα παρά να παρατηρήσω όλους τους ανθρώπους. Υπήρχαν τόσοι πολλοί **διαφορετικοί τύποι ανθρώπων**, από όλα τα κοινωνικά στρώματα. Ήταν εκπληκτικό να βλέπεις μια τόσο διαφορετική ομάδα ανθρώπων σε ένα μέρος.

Ξαφνικά, άκουσα κάποιον **να φωνάζει** το όνομά μου. **Γύρισα** και είδα τον φίλο μου να με χαιρετάει από την απέναντι πλευρά του δρόμου. Είχαμε κανονίσει να συναντηθούμε και να φάμε μαζί. Καθώς διέσχιζα τον πολυσύχναστο δρόμο, δεν μπορούσα

Straten van Rhodos

In de straten van Rhodos is het altijd druk. Er is geen moment dat er niet iets aan de hand is. **Of** het nu mensen zijn die voorbij lopen, auto's die toeteren, of het **geluid** van muziek dat uit één van de vele cafés komt, de straten zijn altijd levendig met activiteit. Ik **herinner me** een keer dat ik door de straat liep en een vrouw zag die op het punt stond flauw te vallen. Ik haastte me naar haar toe en hielp haar naar een bankje waar ze kon gaan zitten. Ik vroeg of ze in orde was en ze zei dat ze alleen wat water **nodig had**. Je weet nooit wat je zult zien of wie je zult ontmoeten. Dat maakt het juist zo **spannend**! Toen ik door de straat liep, kon ik het niet helpen, maar alle mensen vielen me op. Er waren zoveel **verschillende** soorten mensen, uit alle lagen van de bevolking. Het was geweldig om zo'n diverse groep mensen op één plek te zien.

Plotseling hoorde ik iemand mijn naam **roepen**. Ik draaide **me om** en zag mijn vriend naar me zwaaien vanaf de overkant van de straat. We hadden afgesproken om samen te gaan lunchen. Terwijl ik de drukke straat overstak, vroeg ik me af welke **avonturen** de dag nog meer voor me in petto zou hebben. We **besloten** bij een café te stoppen om te lunchen, en terwijl we op ons eten wachtten, zagen we een vrouw

παρά να αναρωτηθώ τι άλλες **περιπέτειες** θα μου επιφύλασσε η μέρα. **Αποφασίσαμε** να σταματήσουμε σε μια καφετέρια για μεσημεριανό γεύμα, και καθώς περιμέναμε το φαγητό μας, είδαμε μια γυναίκα που έμοιαζε σαν να ήταν έτοιμη να λιποθυμήσει. Τρέξαμε προς το μέρος της και τη βοηθήσαμε σε ένα παγκάκι όπου μπορούσε να καθίσει. Τη ρωτήσαμε αν ήταν καλά και μας είπε ότι **ήθελε** μόνο λίγο νερό. Πήγαμε να της φέρουμε λίγο νερό από μια κοντινή καφετέρια, και όταν επιστρέψαμε, είχε φύγει. Μόνο αργότερα καταλάβαμε ότι την είχαν κλέψει από πορτοφόλι όσο εμείς λείπαμε. Μετά το γεύμα, αποφασίσαμε να περπατήσουμε για λίγο στο κέντρο της πόλης. Καθώς **περπατούσαμε**, ο φίλος μου μας έδειξε όλα τα διαφορετικά είδη καταστημάτων που υπήρχαν. Υπήρχαν τόσα πολλά διαφορετικά είδη καταστημάτων! Από καταστήματα με ρούχα μέχρι καταστήματα με **σουβενίρ, υπήρχε** κάτι για **όλους στο** κέντρο της πόλης. Τελικά, επιστρέψαμε προς τους δρόμους όπου γινόταν όλη η δραστηριότητα. Όπως πάντα, δεν υπήρχε στιγμή που να μην συμβαίνει κάτι!

die eruit zag alsof ze op het punt stond flauw te vallen. We haastten ons naar haar toe en hielpen haar op een bankje waar ze kon gaan zitten. We vroegen of ze in orde was en ze zei dat ze alleen wat water **nodig had**. We gingen wat water halen in een café in de buurt, en toen we terugkwamen, was ze weg. Pas later realiseerden we ons dat ze was beroofd terwijl we weg waren. Na de lunch besloten we wat rond te lopen in het centrum van de stad. Terwijl we **liepen**, wees mijn vriendin ons op alle verschillende soorten winkels die er waren. Er waren zoveel verschillende soorten winkels! Van kledingwinkels tot souvenirwinkels, er was voor **elk** wat wils in het centrum. Uiteindelijk gingen we terug naar de straten waar alle activiteit plaatsvond. Zoals altijd was er geen moment dat er niets te beleven viel!

Ερωτήσεις κατανόησης

1. Τι λέει ο συγγραφέας ότι συμβαίνει πάντα στους δρόμους της Ρόδου;

2. Τι έκανε ο συγγραφέας όταν είδε μια γυναίκα που έμοιαζε να είναι έτοιμη να λιποθυμήσει;

3. Ποια ήταν η γνώμη του συγγραφέα για την ποικιλόμορφη ομάδα ανθρώπων που είδαν στην πόλη;

4. Τι συνέβη όταν ο συγγραφέας και ο φίλος τους πήγαν να φέρουν νερό για τη γυναίκα
ποιος ήταν έτοιμος να λιποθυμήσει;

5. Τι έκαναν ο συγγραφέας και ο φίλος τους μετά το γεύμα;

6. Ποια ήταν η αντίδραση του συγγραφέα στους ζητιάνους που είδαν στο δρόμο;

7. Τι είπε η φίλη του συγγραφέα ότι θα ήθελε να μπορούσε να κάνει για ανθρώπους σαν τον Αχμέντ;

8. Τι είναι το "The Street Project";

9. Τι κάνει το έργο;

10. Για ποιον προορίζεται το έργο;

Begrip vragen

1. Wat zegt de auteur dat er altijd gebeurt in de straten van Rhodos?

2. Wat deed de schrijver toen hij een vrouw zag die op het punt stond flauw te vallen?

3. Wat vond de schrijver van de diverse groep mensen die hij in de stad zag?

4. Wat gebeurde er toen de schrijver en hun vriend water gingen halen voor de vrouw
die op het punt stond flauw te vallen?

5. Wat hebben de schrijver en zijn vriend na de lunch gedaan?

6. Wat was de reactie van de schrijver op de bedelaars die hij op straat zag?

7. Wat zei de vriendin van de auteur dat ze wou dat ze kon doen voor mensen als Ahmed?

8. Wat is "The Street Project"?

9. Wat doet het project?

10. Voor wie is het project bedoeld?

Ένα γεύμα στην Κρήτη

Ο ήλιος μόλις είχε αρχίσει να ξεπροβάλλει από τον ορίζοντα, αλλά **ήδη** η ζέστη ήταν έντονη. Ένιωθα τον ιδρώτα να τρέχει στην πλάτη μου καθώς περνούσα μέσα από τα στενά δρομάκια του Ηρακλείου, **κατευθυνόμενος** προς ένα από τα αγαπημένα μου μέρη σε όλη την **Κρήτη** - το The Kitchen.Αυτό το μικρό εστιατόριο ήταν πάντα γεμάτο, όποια ώρα της ημέρας ή της νύχτας κι αν ήταν. Αλλά αυτό δεν με απέτρεψε από το να προσπαθώ να πιάσω τραπέζι με κάθε ευκαιρία. Το φαγητό εδώ δεν έμοιαζε με οτιδήποτε άλλο είχα δοκιμάσει ποτέ πριν - φρέσκο, γευστικό και απολύτως νόστιμο. έφτασα στο The Kitchen μόλις άνοιξε για δουλειά και γρήγορα εξασφάλισα μια θέση στην ουρά. Μέσα σε **λίγα λεπτά**, κάθισα σε ένα μικρό τραπέζι κοντά στο **παράθυρο** και περίμενα με ανυπομονησία το γεύμα μου.

Η **σερβιτόρα** έφτασε λίγο μετά από μένα, κουβαλώντας έναν μεγάλο δίσκο με φαγητό. **Τοποθέτησε** μπροστά μου ένα γεμάτο πιάτο με μουσακά, μαζί με ελληνική σαλάτα και πίτα. Ανυπομονούσα να φάω. Και το έκανα. Ο μουσακάς ήταν τόσο καλός όσο πάντα - το τέλειο μείγμα μπαχαρικών και γεύσεων. Οι πατάτες ήταν τέλεια ψημένες και ο κιμάς ήταν ζουμερός και γευστικός. Αλλά

Een maaltijd op Kreta

De zon was nog maar net boven de horizon doorgebroken, maar de hitte was nu **al** intens. Ik voelde het zweet over mijn rug druppelen terwijl ik door de smalle straten van Heraklion liep, **op weg** naar een van mijn favoriete plekjes op **Kreta** - The Kitchen. Dit kleine restaurantje zat altijd vol, ongeacht het tijdstip van de dag of de nacht. Maar dat weerhield me er niet van om elke kans die ik kreeg te proberen een tafel te bemachtigen. Het eten hier was anders dan alles wat ik ooit had geproefd - vers, smaakvol, en absoluut heerlijk. Ik kwam aan bij The Kitchen net toen ze open gingen voor zaken en zorgde snel voor een plekje in de rij. Binnen **een paar minuten** zat ik aan een tafeltje bij het **raam** en wachtte ik vol ongeduld op mijn maaltijd.

De **serveerster** arriveerde kort na mij, met een groot dienblad met eten. Ze **zette** een groot bord Moussaka voor me neer, samen met een Griekse salade en pitabrood. Ik kon haast niet wachten om te beginnen. En dat deed ik. De Moussaka was net zo lekker als altijd - de perfecte mix van kruiden en smaken. De aardappelen waren perfect gekookt, en het gehakt was sappig en smaakvol. Maar het was de **aubergine** die er deze keer echt uitsprong - hij was zo mals en **romig**,

ήταν η **μελιτζάνα** που πραγματικά ξεχώρισα αυτή τη φορά - ήταν τόσο τρυφερή και **κρεμώδης**, που σχεδόν έλιωνε στο στόμα μου. Καθώς τελείωνα το γεύμα μου, δεν μπορούσα να μην παρατηρήσω την **αναστάτωση που επικρατούσε** έξω. Μια μεγάλη ομάδα ανθρώπων είχε συγκεντρωθεί στο δρόμο και φώναζε κάτι στα ελληνικά. Δεν μπορούσα να καταλάβω τι έλεγαν, αλλά ακουγόταν σαν να ήταν θυμωμένοι για κάτι.

Η σερβιτόρα ήρθε στο τραπέζι μου και μου **εξήγησε ότι γινόταν** μια διαμαρτυρία - κάποιοι από τους ντόπιους ήταν αναστατωμένοι με την εισροή τουριστών τα τελευταία χρόνια. Πίστευαν ότι πάρα πολλοί άνθρωποι έρχονταν στην Κρήτη και κατέστρεφαν τον παραδοσιακό τρόπο ζωής της. Μπορούσα να καταλάβω την άποψή τους, αλλά ταυτόχρονα μου άρεσε να **εξερευνώ** νέα μέρη και να γνωρίζω νέους ανθρώπους. Αυτός ήταν ένας από τους λόγους για τους οποίους είχα έρθει στην Κρήτη εξ αρχής - για να **γνωρίσω** έναν διαφορετικό πολιτισμό και τρόπο ζωής. Αλλά φαινόταν ότι αυτοί οι διαδηλωτές δεν ήθελαν να έχει κανείς άλλος αυτή την ευκαιρία. Αφού πλήρωσα το λογαριασμό μου και αποχαιρέτησα τη σερβιτόρα, αποφάσισα να πάω να ελέγξω τη διαμαρτυρία. Ήθελα να δω τι ήταν όλη αυτή η φασαρία. Καθώς πλησίαζα, άκουγα ανθρώπους να φωνάζουν και να κρατούν πλακάτ που έγραφαν "Κρατήστε την Κρήτη **παραδοσιακή**" και "Όχι άλλοι τουρίστες".

dat hij bijna smolt in mijn mond. Toen ik klaar was met mijn maaltijd, merkte ik de **commotie** buiten op. Een grote groep mensen had zich op straat verzameld en schreeuwde iets in het Grieks. Ik kon niet verstaan wat ze zeiden, maar het klonk alsof ze ergens kwaad over waren.

De serveerster kwam naar mijn tafel en legde **uit** dat er een protest aan de gang was - sommige van de plaatselijke bewoners waren boos over de toevloed van toeristen in de afgelopen jaren. Ze vonden dat er te veel mensen naar Kreta kwamen en de traditionele manier van leven verpestten. Ik kon hun standpunt begrijpen, maar tegelijkertijd hield ik ervan nieuwe plaatsen **te ontdekken** en nieuwe mensen te ontmoeten. Dat was een van de redenen waarom ik in de eerste plaats naar Kreta was gekomen - om een andere cultuur en manier van leven te ervaren. Maar het leek alsof deze demonstranten niet wilden dat iemand anders die kans kreeg. Nadat ik mijn rekening had betaald en afscheid had genomen van de serveerster, besloot ik naar het protest te gaan kijken. Ik wilde zien waar al die ophef over ging. Toen ik dichterbij kwam, kon ik mensen horen zingen en borden horen dragen met de tekst "Hou Kreta **Traditioneel**" en "Geen Toeristen Meer".

Ερωτήσεις κατανόησης

1. Ποιο είναι το όνομα του εστιατορίου;

2. Τι ώρα της ημέρας ήταν όταν ο πρωταγωνιστής έφτασε στο εστιατόριο;

3. Ποιο ήταν το αγαπημένο πιάτο του πρωταγωνιστή;

4. Ποιο συνοδευτικό πιάτο συνοδεύει τον μουσακά;

5. Ποια ήταν η γνώμη του πρωταγωνιστή για τη μελιτζάνα στον μουσακά;

6. Ποια ήταν η φασαρία που παρατήρησε ο πρωταγωνιστής έξω από το εστιατόριο;

7. Τι διαμαρτύρονταν οι ντόπιοι;

8. Γιατί ο πρωταγωνιστής ήθελε να μιλήσει στους διαδηλωτές;

9. Ποια ήταν η γνώμη του πρωταγωνιστή για τους διαδηλωτές;

10. Πώς αισθάνθηκε ο πρωταγωνιστής καθώς απομακρύνθηκε από τη διαμαρτυρία;

Begrip vragen

1. Wat is de naam van het restaurant?

2. Hoe laat was het toen de hoofdpersoon in het restaurant aankwam?

3. Wat was het favoriete gerecht van de hoofdpersoon?

4. Welk bijgerecht werd bij de Moussaka geserveerd?

5. Wat vond de hoofdpersoon van de aubergine in de Moussaka?

6. Wat was de commotie die de hoofdpersoon buiten het restaurant opmerkte?

7. Waar protesteerde de lokale bevolking tegen?

8. Waarom wilde de hoofdpersoon met de demonstranten praten?

9. Wat was de mening van de hoofdpersoon over de demonstranten?

10. Hoe voelde de hoofdpersoon zich toen hij wegliep van het protest?

Απόγευμα στην Ολυμπία

Ο ήλιος έβγαινε και ο ουρανός ήταν γαλάζιος καθώς **περπατούσα** στο δρόμο της Ολυμπίας. Ο αέρας ήταν ζεστός και ένα ελαφρύ αεράκι έπνεε στην πόλη. Μπορούσα να μυρίσω τη φρεσκάδα της **άνοιξης** στον αέρα. Ένιωθα ευτυχισμένη και ικανοποιημένη καθώς περπατούσα, απολαμβάνοντας όλα τα αξιοθέατα και τους ήχους αυτής της όμορφης πόλης. **Σταμάτησα σε** μια καφετέρια για μεσημεριανό γεύμα και κάθισα έξω για να απολαύσω το γεύμα μου. Καθώς έτρωγα, παρακολουθούσα τον κόσμο και απολάμβανα όλη τη φασαρία της ζωής της πόλης γύρω μου. Μετά το μεσημεριανό γεύμα, περιπλανήθηκα λίγο ακόμα, κάνοντας ψώνια στις βιτρίνες και απολαμβάνοντας την παρουσία μου σε εξωτερικούς χώρους σε μια τόσο όμορφη μέρα. **Τελικά**, άρχισε να γίνεται αργά το απόγευμα και ο ήλιος άρχισε να βυθίζεται χαμηλότερα στον ουρανό. Αποφάσισα να επιστρέψω στο σπίτι, αλλά όχι πριν **σταματήσω σε** ένα παγωτατζίδικο για μια μικρή λιχουδιά! Την επόμενη μέρα, ξύπνησα νωρίς και αποφάσισα να εξερευνήσω λίγο ακόμα την Ολυμπία. Περπάτησα μέχρι την προκυμαία και απόλαυσα τη θέα των βουνών στο βάθος. Στη συνέχεια **περιπλανήθηκα** σε μερικές από τις γειτονιές, θαυμάζοντας όλα τα όμορφα παλιά σπίτια.

Middag in Olympia

De zon scheen en de lucht was blauw toen ik in Olympia over straat liep. De lucht was warm en er waaide een licht briesje door de stad. Ik kon de frisheid van **de lente** in de lucht ruiken. Ik voelde me gelukkig en tevreden toen ik door de stad slenterde en alle bezienswaardigheden en geluiden van deze prachtige stad in me opnam. Ik **stopte** bij een café voor de lunch en ging buiten zitten om van mijn maaltijd te genieten. Terwijl ik at, keek ik naar de mensen en genoot van de drukte van het stadsleven om me heen. Na de lunch dwaalde ik nog wat rond, winkelde wat en genoot van het buiten zijn op zo'n mooie dag. **Uiteindelijk** werd het laat in de middag, en de zon begon lager aan de hemel te staan. Ik besloot terug naar huis te gaan, maar niet voordat **ik** eerst bij een ijssalon **gestopt was** voor een kleine traktatie! De volgende dag stond ik vroeg op en besloot ik Olympia nog wat verder te verkennen. Ik liep naar de waterkant en genoot van het uitzicht op de bergen in de verte. Daarna **slenterde** ik door enkele wijken en bewonderde alle mooie oude huizen.

Uiteindelijk ging ik terug naar het centrum en ging ik nog wat **winkelen**. Ik kocht een paar **souvenirs** voor vrienden thuis voordat ik een hapje ging eten in een

Τελικά, επέστρεψα στο κέντρο της πόλης και έκανα μερικά ακόμα **ψώνια**. Αγόρασα μερικά **σουβενίρ** για τους φίλους μου στην πατρίδα πριν φάω κάτι σε ένα χαριτωμένο μικρό καφέ. Μετά το γεύμα, περπάτησα για λίγο ακόμα, απολαμβάνοντας τα πάντα, προτού επιστρέψω στο σπίτι μου. Πέρασα υπέροχα εξερευνώντας την Ολυμπία και ανυπομονώ να ξαναπάω σύντομα! Είμαι τόσο χαρούμενη που αποφάσισα να περάσω μερικές μέρες στην Ολυμπία! Είναι μια τόσο **όμορφη** και γοητευτική πόλη. Μου άρεσε πολύ να εξερευνώ όλες τις διαφορετικές **γειτονιές** και τα καταστήματα. Και το φαγητό ήταν **καταπληκτικό**! Νομίζω ότι το αγαπημένο μου μέρος στην Ολυμπία, όμως, είναι να κάθομαι στην προκυμαία και να βλέπω τις βάρκες να περνούν. Υπάρχει κάτι τόσο ειρηνικό σε αυτό. Σίγουρα θα μπορούσα να φανταστώ τον εαυτό μου να περνάει περισσότερο χρόνο εδώ στο μέλλον.

Ξύπνησα από τον ήχο των πουλιών **που κελαηδούσαν** έξω από το παράθυρό μου. Ο ήλιος μόλις ξεπρόβαλλε από τον ορίζοντα, ρίχνοντας μια ροζ και πορτοκαλί λάμψη στον ουρανό. Χασμουρήθηκα και τεντώθηκα πριν σηκωθώ από το κρεβάτι. Είχα άλλη μια γεμάτη μέρα εξερεύνησης της Ολυμπίας μπροστά μου! Μετά το **πρωινό**, ξεκίνησα και πάλι με τα πόδια, περιπλανώμενη Ο ήλιος είχε βγει και ο ουρανός ήταν γαλάζιος καθώς περπατούσα στο δρόμο της Ολυμπίας.

leuk klein cafeetje. Na de lunch heb ik nog een tijdje rondgelopen en alles in me opgenomen voordat ik weer naar huis ging. Ik vond het zo leuk om Olympia te verkennen en ik kan niet wachten om snel weer terug te gaan! Ik ben zo blij dat ik besloten heb om een paar dagen in Olympia door te brengen! Het is zo'n **mooie** en charmante stad. Ik vond het geweldig om alle verschillende **buurten** en winkels te verkennen. En het eten was **geweldig**! Maar ik denk dat mijn favoriete deel van Olympia is, gewoon aan de waterkant zitten en kijken naar de boten die voorbij varen. Het heeft zo iets vredigs. Ik zie mezelf hier in de toekomst zeker meer tijd doorbrengen.

Ik werd wakker met het geluid van vogels **die** buiten mijn raam tsjilpten. De zon kwam net over de horizon en wierp een roze en oranje gloed aan de hemel. Ik gaapte en rekte me uit voordat ik uit bed stapte. Ik had nog een hele dag om Olympia te verkennen voor me! Na **het ontbijt** ging ik weer te voet op pad. De zon scheen en de lucht was blauw toen ik door de straten van Olympia liep.

Ερωτήσεις κατανόησης

1. Τι εποχή του χρόνου αναφέρεται στο κείμενο;

2. Πώς ήταν ο καιρός;

3. Τι έκανε ο πρωταγωνιστής μετά το γεύμα;

4. Ποια ήταν η γνώμη του πρωταγωνιστή για την πόλη;

5. Ποιο ήταν το αγαπημένο μέρος της πόλης για τον πρωταγωνιστή;

6. Τι έκανε ο πρωταγωνιστής την επόμενη μέρα;

7. Τι έφαγε ο πρωταγωνιστής για πρωινό;

8. Ποιο ήταν το σχέδιο του πρωταγωνιστή για την ημέρα;

9. Τι σκέφτηκε ο πρωταγωνιστής για την πόλη τη δεύτερη μέρα;

10. Τι θέλει να κάνει ο πρωταγωνιστής στο μέλλον;

Begrip vragen

1. In welke tijd van het jaar is het in de tekst?

2. Hoe was het weer?

3. Wat deed de hoofdpersoon na de lunch?

4. Wat vond de hoofdpersoon van de stad?

5. Wat was het favoriete deel van de stad van de hoofdpersoon?

6. Wat deed de hoofdpersoon de volgende dag?

7. Wat had de hoofdpersoon als ontbijt?

8. Wat was het plan van de hoofdpersoon voor die dag?

9. Wat vond de hoofdpersoon van de stad de tweede dag?

10. Wat wil de hoofdpersoon in de toekomst doen?

Η Ακρόπολη

Ο ήλιος **έπεφτε** πάνω στα αρχαία ερείπια της Ακρόπολης, κάνοντας τους πέτρινους τοίχους να είναι καυτοί στην αφή. Ο αέρας ήταν ακίνητος και σκονισμένος, και δεν υπήρχε ψυχή στον ορίζοντα. Ένιωσα σαν να είχα γυρίσει πίσω στο χρόνο καθώς περιπλανιόμουν στους άδειους **δρόμους**, φανταζόμενος πώς πρέπει να ήταν όταν αυτό το μέρος ήταν γεμάτο ζωή. Σταμάτησα σε έναν από τους ναούς και ανέβηκα στην κορυφή των σκαλοπατιών του. Από εδώ, μπορούσα να δω για μίλια προς κάθε **κατεύθυνση**. Η θέα **έκοβε την ανάσα**, αλλά ήταν και παράξενα γαλήνια. Ένιωθα ωραία να περιβάλλομαι από ιστορία και να ξέρω ότι στεκόμουν σε ένα μέρος που είχε δει τόσα πολλά στο πέρασμα των αιώνων. Καθώς καθόμουν εκεί και τα απολάμβανα όλα αυτά, άκουσα έναν θόρυβο από κάτω μου. Ακουγόταν σαν κάποιος να έκλαιγε. Από περιέργεια, κατέβηκα από τη **θέση μου** και ακολούθησα τον ήχο μέχρι που έφτασα σε μια μικρή **εσοχή** όπου μια γυναίκα καθόταν στο έδαφος με το κεφάλι της στα χέρια. Κεφάλαιο 2

Η **γυναίκα** κοίταξε όταν πλησίασα και είδα ότι έκλαιγε. Τα μάτια της ήταν κόκκινα και πρησμένα και τα μάγουλά της ήταν βρεγμένα από τα δάκρυα. Έμοιαζε σαν να είχε περάσει πολλά τελευταία. "Είσαι καλά;" ρώτησα

De Akropolis

De zon **scheen** op de oude ruïnes van de Akropolis, waardoor de stenen muren heet aanvoelden. De lucht was stil en stoffig, en er was geen mens te bekennen. Ik had het gevoel dat ik terug in de tijd was gegaan toen ik door de lege **straten** dwaalde en me voorstelde hoe het moet zijn geweest toen deze plaats nog vol leven was. Ik stopte bij een van de tempels en klom naar de top van de trap. Van hieruit kon ik mijlenver in alle **richtingen kijken**. Het uitzicht was **adembenemend**, maar het was ook vreemd vredig. Het voelde goed om omringd te zijn door geschiedenis en te weten dat ik op een plaats stond die door de eeuwen heen zoveel had gezien. Terwijl ik daar zat en alles in me opnam, hoorde ik een geluid van onder me. Het klonk alsof iemand huilde. Nieuwsgierig **klom** ik naar beneden en volgde het geluid tot ik bij een kleine **nis** kwam waar een vrouw op de grond zat met haar hoofd in haar handen.
Hoofdstuk 2

De **vrouw** keek op toen ik naderde, en ik kon zien dat ze huilde. Haar ogen waren rood en opgezwollen, en haar wangen nat van de tranen. Ze zag eruit alsof ze de laatste tijd veel had meegemaakt. "Gaat het?" vroeg ik zachtjes, niet zeker of ik haar privacy moest schenden of niet. Ze snoof en veegde haar gezicht af

απαλά, χωρίς να είμαι σίγουρος αν έπρεπε να εισβάλω στην ιδιωτική της ζωή ή όχι. Μύρισε και σκούπισε το πρόσωπό της με το **μανίκι του** φορέματός της. "Είμαι καλά", είπε, αλλά ήταν **προφανές** ότι δεν έλεγε την αλήθεια. "Απλώς... αυτό το μέρος είναι τόσο όμορφο, αλλά και τόσο θλιβερό". Έκανε μια χειρονομία στα ερείπια της Ακρόπολης γύρω μας. "Μου **θυμίζει** πως όλα καταρρέουν τελικά".

"Αλλά ακόμα κι αν τα πράγματα καταρρέουν, μπορούν επίσης να ξαναχτιστούν", είπα απαλά, σκεπτόμενος όλες τις φορές στη δική μου ζωή που τα πράγματα δεν είχαν πάει σύμφωνα με το σχέδιο, αλλά είχα καταφέρει να ξανασηκωθώ, **παρ' όλα αυτά**. "Αυτό το μέρος είναι μια **απόδειξη** γι' αυτό". Η **γυναίκα** έγνεψε αργά, δείχνοντας να παίρνει κατάκαρδα τα λόγια μου. "Έχεις δίκιο", είπε μετά από λίγο. "Πάντα υπάρχει ελπίδα για κάτι καινούργιο". Με αυτά τα λόγια, σηκώθηκε και σκούπισε το φόρεμά της. Στη συνέχεια, χωρίς άλλη λέξη, απομακρύνθηκε από κοντά μου σε έναν από τους αρχαίους δρόμους της Ακρόπολης, αφήνοντάς με για άλλη μια φορά μόνο μου με μόνη συντροφιά τις σκέψεις μου. Κάθισα εκεί για λίγο ακόμα, αφήνοντας τα λόγια της να εντρυφήσουν στο μυαλό μου. Είχε δίκιο - παρόλο που η Ακρόπολη ήταν ερειπωμένη, εξακολουθούσε να είναι ένα καταπληκτικό μέρος. Και ακριβώς όπως αυτή η αρχαία πόλη, όλοι μας έχουμε τη δυνατότητα να αναγεννηθούμε ξανά, αφού περάσουμε δύσκολες στιγμές.

met de **mouw** van haar jurk. "Ik ben in orde," zei ze, maar het was **duidelijk** dat ze niet de waarheid sprak. "Het is gewoon... deze plek is zo mooi, maar het is ook zo triest." Ze gebaarde naar de ruïnes van de Akropolis om ons heen. "Het **doet** me denken aan hoe alles uiteindelijk in elkaar stort."

"Maar ook al vallen dingen uit elkaar, ze kunnen ook weer worden opgebouwd," zei ik zacht, denkend aan alle keren in mijn eigen leven dat dingen niet volgens plan waren gegaan, maar ik er **toch** in was geslaagd mezelf weer op te rapen. "Deze plek is daar een **bewijs** van." De **vrouw** knikte langzaam en leek mijn woorden ter harte te nemen. "Je hebt gelijk," zei ze na een ogenblik. "Er is altijd hoop op iets nieuws." Daarmee stond ze op en borstelde haar jurk uit. Toen, zonder nog een woord te zeggen, liep ze van me weg door een van de oude straten van de Akropolis, mij weer alleen latend met alleen mijn gedachten als gezelschap. Ik zat daar nog een tijdje en liet haar woorden op me inwerken. Ze had gelijk - ook al was de Akropolis een ruïne, het was nog steeds een geweldige plek. En net als deze oude stad, hebben we allemaal het potentieel om weer op te staan nadat we moeilijke tijden hebben doorgemaakt.

Ερωτήσεις κατανόησης

1. Τι βλέπει ο πρωταγωνιστής από την κορυφή του ναού;

2. Πώς αισθάνεται ο πρωταγωνιστής για τα αρχαία ερείπια;

3. Ποιον συναντά ο πρωταγωνιστής στην εσοχή;

4. Γιατί κλαίει η γυναίκα στην εσοχή;

5. Τι λέει ο πρωταγωνιστής στη γυναίκα;

6. Πώς αντιδρά η γυναίκα στα λόγια του πρωταγωνιστή;

7. Πού πηγαίνει η γυναίκα αφού αφήσει τον πρωταγωνιστή;

8. Τι κάνει ο πρωταγωνιστής αφού φύγει η γυναίκα;

9. Ποια είναι η συνολική γνώμη του πρωταγωνιστή για την Ακρόπολη;

Begrip vragen

1. Wat ziet de hoofdpersoon vanaf de top van de tempel?

2. Wat vindt de hoofdpersoon van de oude ruïnes?

3. Wie ontmoet de hoofdpersoon in de alkoof?

4. Waar huilt de vrouw in de alkoof over?

5. Wat zegt de hoofdpersoon tegen de vrouw?

6. Hoe reageert de vrouw op de woorden van de hoofdpersoon?

7. Waar gaat de vrouw heen nadat ze de hoofdpersoon heeft verlaten?

8. Wat doet de hoofdpersoon nadat de vrouw weg is?

9. Wat is het algemene oordeel van de hoofdpersoon over de Akropolis?

Όρος Όλυμπος

Ο ήλιος μόλις είχε αρχίσει να ξεπροβάλλει από τον **ορίζοντα**, ρίχνοντας μια ροζ και πορτοκαλί λάμψη στον ουρανό. Τα πουλιά κελαηδούσαν και το αεράκι φυσούσε απαλά ανάμεσα στα δέντρα. Ήταν μια όμορφη μέρα. Ο Όλυμπος φαινόταν στο **βάθος**, με την κορυφή του να **καλύπτεται** από σύννεφα. Λέγεται ότι ο Δίας, ο βασιλιάς των θεών, ζούσε στην κορυφή του Ολύμπου. Κάποιοι έλεγαν ότι μπορούσε να ελέγχει τον καιρό και ότι προκαλούσε καταιγίδες όταν θύμωνε. Άλλοι έλεγαν ότι ήταν ευγενικός και **καλοπροαίρετος** και βοηθούσε όσους είχαν ανάγκη. Κανείς δεν ήξερε με σιγουριά γιατί κανείς δεν είχε πάει ποτέ στον Όλυμπο και δεν είχε επιστρέψει για να διηγηθεί την ιστορία.

Σήμερα, όμως, κάποιος θα έκανε το ταξίδι στον Όλυμπο: μια νεαρή γυναίκα, η Σάρα, η οποία είχε χάσει πρόσφατα τον σύζυγό της σε ένα τραγικό ατύχημα. Ήθελε απαντήσεις από τον Δία- ήθελε να μάθει γιατί συνέβη αυτό και τι θα μπορούσε να κάνει για να μην ξανασυμβεί. Έτσι, με **αποφασιστικότητα** στην καρδιά της, η Σάρα ξεκίνησε την ανάβασή της στον Όλυμπο. Όσο πλησίαζε η Σάρα στον **Όλυμπο**, τόσο περισσότερο συνειδητοποιούσε πόσο τρομακτικό ήταν το έργο που είχε μπροστά της. Το βουνό ήταν τεράστιο και δεν είχε ιδέα από πού να ξεκινήσει την αναρρίχηση.

De berg Olympus

De zon begon net over de **horizon** te komen en wierp een roze en oranje gloed over de hemel. De vogels zongen en het briesje waaide zachtjes door de bomen. Het was een prachtige dag. In de **verte doemde** de berg Olympus op, zijn top **gehuld** in wolken. Er wordt gezegd dat Zeus, de koning van de goden, op de top van de berg Olympus leefde. Sommigen zeiden dat hij het weer kon beheersen en dat hij stormen veroorzaakte als hij kwaad was. Anderen zeiden dat hij vriendelijk en **welwillend** was en mensen in nood zou helpen. Niemand wist het zeker, want niemand was ooit op de berg Olympus geweest en was teruggekeerd om het verhaal te vertellen.

Maar vandaag zou iemand de reis naar de berg Olympus maken: een jonge vrouw met de naam Sarah, die onlangs haar echtgenoot had verloren in een tragisch ongeval. Zij wilde antwoorden van Zeus; zij wilde weten waarom dit gebeurde en wat zij kon doen om te voorkomen dat het opnieuw zou gebeuren. Dus, met **vastberadenheid** in haar hart, begon Sarah aan haar beklimming van de berg Olympus. Hoe dichter Sarah bij de berg **Olympus kwam**, hoe meer ze zich realiseerde hoe ontmoedigend de taak was die voor haar lag. De berg was enorm, en ze had geen

Αλλά αρνήθηκε να τα παρατήσει- ο σύζυγός της άξιζε κάτι καλύτερο από αυτό. Έτσι, η Σάρα συνέχισε να προχωρά, αναζητώντας έναν τρόπο να ανέβει στο βουνό. Περιπλανιόταν για ώρες, **γρατζουνιόταν** από κλαδιά και σκόνταφτε σε βράχους. Αλλά τελικά βρήκε ένα μονοπάτι που φαινόταν να οδηγεί προς τα πάνω. Το ακολούθησε με ανυπομονησία, ελπίζοντας ότι θα την οδηγούσε στον Δία. Το μονοπάτι ήταν μακρύ και **δαιδαλώδες,** αλλά η Σάρα επέμενε. Δεν ήταν σίγουρη για πόσο ακόμα θα μπορούσε να συνεχίσει χωρίς φαγητό ή νερό, αλλά δεν ήθελε να γυρίσει πίσω τώρα. Τελικά, μετά από μέρες περπατήματος, η Σάρα έφτασε στην κορυφή του Ολύμπου. Και εκεί ήταν: Ο ίδιος ο Δίας, καθισμένος στο θρόνο του με έναν κεραυνό στο χέρι.

Η Σάρα πλησίασε τον Δία με προσοχή. Δεν ήξερε τι να περιμένει, αλλά ήξερε ότι έπρεπε να πει τη γνώμη της. "Δία", άρχισε, "ήρθα εδώ επειδή χρειαζόμουν απαντήσεις. Ο σύζυγός μου έχασε τη ζωή του σε ένα τραγικό **ατύχημα** και θέλω να μάθω γιατί **συνέβη** και τι μπορώ να κάνω για να μην ξανασυμβεί. " Ο Δίας κοίταξε τη Σάρα με οίκτο στα μάτια του. Μπορούσε να δει τον πόνο και την ταλαιπωρία που ήταν χαραγμένα στο πρόσωπό της. "Παιδί μου", είπε απαλά, "δεν υπάρχει εύκολη απάντηση στο ερώτημά σου. Μερικές φορές τα άσχημα πράγματα συμβαίνουν χωρίς κανένα λόγο.

idee waar ze moest beginnen met klimmen. Maar ze weigerde op te geven; haar man verdiende beter dan dat. Dus ging Sarah door, op zoek naar een manier om de berg te beklimmen. Uren dwaalde ze rond, **gekrabd** door takken en struikelend over rotsen. Maar eindelijk vond ze een pad dat naar boven leek te leiden. Ze volgde het gretig, hopend dat het haar naar Zeus zou brengen. Het pad was lang en **kronkelig**, maar Sarah hield vol. Ze wist niet zeker hoe lang ze nog zonder voedsel of water kon, maar ze wilde nu niet meer terug. Eindelijk, na wat voelde als dagen lopen, bereikte Sarah de top van de berg Olympus. En daar was hij: Zeus zelf, zittend op zijn troon met een bliksemschicht in de hand.

Sarah stapte voorzichtig op Zeus af. Ze wist niet zeker wat ze kon verwachten, maar ze wist dat ze haar mening moest geven. "Zeus," begon ze, "ik kwam hier omdat ik antwoorden nodig had. Mijn man stierf in een tragisch **ongeluk**, en ik wil weten waarom het **gebeurde** en wat ik kan doen om te voorkomen dat het weer gebeurt. "Zeus keek op Sarah neer met medelijden in zijn ogen. Hij kon de pijn en het lijden in haar gezicht geëtst zien. "Mijn kind," zei hij zacht, "er is geen eenvoudig antwoord op je vraag. Soms gebeuren slechte dingen zonder enige reden.

Ερωτήσεις κατανόησης

1. Ποιο ήταν το όνομα του συζύγου της Σάρας;

2. Πώς ένιωσε η Σάρα όταν έφτασε στην κορυφή του Ολύμπου;

3. Τι είπε ο Δίας στη Σάρα για τον σύζυγό της;

4. Γιατί η Σάρα ήθελε να μιλήσει στον Δία;

5. Τι είπε ο Δίας για τα κακά πράγματα που συμβαίνουν;

6. Πού βρίσκεται ο Όλυμπος;

7. Πώς λέγεται ότι είναι ο καιρός στον Όλυμπο;

8. Τι έκανε η Σάρα όταν δεν μπορούσε να βρει τρόπο να ανέβει στο βουνό;

9. Πώς ήταν το μονοπάτι που βρήκε η Σάρα;

10. Τι έκανε η Σάρα όταν τελείωσε να μιλάει στον Δία;

Begrip vragen

1. Wat was de naam van Sarah's man?

2. Hoe voelde Sarah zich toen ze de top van de berg Olympus bereikte?

3. Wat vertelde Zeus aan Sarah over haar man?

4. Waarom wilde Sarah met Zeus spreken?

5. Wat zei Zeus over slechte dingen die gebeuren?

6. Waar ligt de berg Olympus?

7. Wat voor weer schijnt het te zijn op de berg Olympus?

8. Wat deed Sarah toen ze de weg op de berg niet kon vinden?

9. Hoe zag het pad eruit dat Sarah vond?

10. Wat deed Sarah toen ze klaar was met Zeus te spreken?

Στην παραλία

Μετά την ανατολή του ήλιου, τα κύματα είναι πιο δυνατά και η άμμος πάνω από την παλίρροια είναι λευκή. Κατεβαίνω με τα πόδια στην παραλία, **θαυμάζοντας** τη θάλασσα και τον ήλιο. Τα δάχτυλα των ποδιών μου αισθάνονται τα αυλάκια των κοχυλιών. Η άμμος είναι κρύα στα δάχτυλα των ποδιών μου. Χαμογελάω και συνεχίζω. Η παλίρροια είναι υψηλή, οπότε πρέπει να προσέχω να μην με τραβήξει μέσα. Περπατάω κατά μήκος της άκρης του νερού, θαυμάζοντας τη θάλασσα. Η ανατολή του ήλιου είναι **πανέμορφη** και τα κύματα σκάνε. Νιώθω τόσο γαλήνια. Έρχομαι σε ένα σημείο όπου υπάρχει μια βραχώδης προεξοχή. Κάθομαι και παρακολουθώ τα κύματα. Το νερό είναι τόσο γαλάζιο και ο ουρανός τόσο **πορτοκαλί**. Νιώθω σαν να βρίσκομαι σε όνειρο. Κλείνω τα μάτια μου και απλά ακούω τα κύματα. Κάθισα εκεί για πολλή ώρα, μέχρι που άκουσα κάποιον να φωνάζει το όνομά μου.

Ανοίγω τα μάτια μου και βλέπω τη μαμά μου να έρχεται προς το μέρος μου. Έχει ένα ανήσυχο βλέμμα στο πρόσωπό της. Χαμογελάω και χαιρετάω και εκείνη **χαλαρώνει**. "Αναρωτιόμουν πού πήγες", λέει. "Χαίρομαι που απολαμβάνεις την παραλία". Της απαντάω: "Ναι, χαίρομαι". "Είναι τόσο όμορφα εδώ". "Το ξέρω", λέει. "Όταν ήμουν στην ηλικία σου, ερχόμουν συνέχεια

Op het strand

Na zonsopgang zijn de golven luider en het zand boven de vloed is wit. Ik loop naar het strand en **bewonder** de zee en de zon. Mijn tenen voelen de groeven van schelpen. Het zand is koud aan mijn tenen. Ik glimlach en loop door. Het is vloed, dus ik moet oppassen dat ik er niet in word getrokken. Ik loop langs de waterkant en bewonder de zee. De zonsopgang is **prachtig**, en de golven beuken. Ik voel me zo vredig. Ik kom op een plek waar een rots uitsteekt. Ik ga zitten en kijk naar de golven. Het water is zo blauw en de lucht is zo **oranje**. Ik voel me alsof ik in een droom ben. Ik sluit mijn ogen en luister alleen maar naar de golven. Ik zat daar een hele tijd, tot ik iemand mijn naam hoorde roepen.

Ik open mijn ogen en zie mijn moeder naar me toe lopen. Ze heeft een bezorgde blik op haar gezicht. Ik glimlach en zwaai, en ze **ontspant zich**. "Ik vroeg me al af waar je was," zegt ze. "Ik ben blij dat je van het strand geniet." Ik antwoord: "Dat doe ik." "Het is hier zo mooi." "Ik weet het," zegt ze. "Ik kwam hier altijd toen ik zo oud was als jij." "Echt waar?" Vraag ik. "Ja," antwoordt ze. "Het is een speciale plek." "Heb je hier ooit een speciaal iemand ontmoet?" Vraag ik. "Ik wel," antwoordt ze met een glimlach. "Je vader." "Echt waar?" Zeg ik, **verbaasd**. "Ja," zegt ze. "We kwamen hier altijd

εδώ". "Αλήθεια;" Ρωτάω. "Ναι", απαντάει. "Είναι ένα ξεχωριστό μέρος." "Γνώρισες ποτέ κάποιον ξεχωριστό εδώ;" Ρωτάω. "Ναι", απαντάει χαμογελώντας. "Τον πατέρα σου." "Αλήθεια;" Λέω **έκπληκτος**. "Ναι", λέει. "Συνηθίζαμε να ερχόμαστε εδώ όλη την ώρα μαζί. Εδώ ερωτευτήκαμε. " Χαμογελάω, **φαντάζομαι** τους γονείς μου να ερωτεύονται σε αυτή την όμορφη παραλία. "Είναι ένα ξεχωριστό μέρος", επαναλαμβάνει. "Χαίρομαι που ήρθες εδώ σήμερα".

Καθόμαστε εκεί για λίγο ακόμα, **παρακολουθώντας** τα κύματα και το ηλιοβασίλεμα. Μετά σηκωνόμαστε και επιστρέφουμε στις πετσέτες μας στην παραλία. Ξαπλώνω και κοιτάζω τα αστέρια. Νιώθω τόσο ευτυχισμένη και ικανοποιημένη. Τα κύματα είναι πιο δυνατά τώρα, και η άμμος είναι κρύα. Ο ήλιος δύει και φυσάει ένα δροσερό αεράκι. Τα κύματα σκάνε στην ακτή και η μυρωδιά του αλατιού είναι στον αέρα. Είναι ένα τέλειο βράδυ για να βρίσκεσαι στην παραλία. Περπατάω κατά μήκος της ακτής, **ακούγοντας τον** ήχο των κυμάτων και παρακολουθώντας το ηλιοβασίλεμα. Βλέπω μια ομάδα ανθρώπων να κάθεται στην άμμο, να γελούν και να αστειεύονται. Φαίνεται να περνούν πολύ καλά. Τους πλησιάζω και τους ρωτάω αν μπορώ να τους κάνω παρέα. Μου λένε ναι και περνάμε το υπόλοιπο της βραδιάς μιλώντας, γελώντας και βλέποντας το **ηλιοβασίλεμα**. Είναι ένα τέλειο βράδυ. Η ομάδα και εγώ μιλάμε μέχρι να δύσει ο ήλιος.

samen. Het is waar we verliefd werden. " Ik glimlach en **stel me voor hoe** mijn ouders verliefd werden op dit prachtige strand. "Het is een speciale plek," herhaalt ze. "Ik ben blij dat je hier vandaag bent."

We zitten daar nog een tijdje, **kijken naar** de golven en de zonsondergang. Dan staan we op en lopen terug naar onze strandhanddoeken. Ik ga liggen en kijk naar de sterren. Ik voel me zo gelukkig en tevreden. De golven zijn nu luider, en het zand is koud. De zon gaat onder en er waait een koel briesje. De golven beuken tegen de kust, en de geur van zout hangt in de lucht. Het is een perfecte avond om op het strand te zijn. Ik loop langs het strand, **luister** naar het geluid van de golven en kijk naar de zonsondergang. Ik zie een groep mensen op het zand zitten, lachend en grapjes makend. Ze zien eruit alsof ze het naar hun zin hebben. Ik loop naar ze toe en vraag of ik erbij mag komen zitten. Ze zeggen ja, en we brengen de rest van de avond door met praten, lachen en kijken naar de **zonsondergang**. Het is een perfecte avond. De groep en ik praten tot de zon ondergaat.

Ερωτήσεις κατανόησης

1. Πού πηγαίνει η αφηγήτρια αφού ξυπνήσει;

2. Τι θαυμάζει η αφηγήτρια καθώς περπατά κατά μήκος της παραλίας;

3. Τι πρέπει να προσέχει η αφηγήτρια καθώς περπατάει στην παραλία;

4. Πού κάθεται ο αφηγητής για να απολαύσει τη θέα;

5. Πόση ώρα κάθεται εκεί ο αφηγητής;

6. Ποιον βλέπει η αφηγήτρια όταν ανοίγει ξανά τα μάτια της;

7. Τι λέει η μητέρα του αφηγητή;

8. Τι συζητούν η αφηγήτρια και οι άνθρωποι που συναντά;

Begrip vragen

1. Waar gaat de vertelster heen nadat ze wakker is geworden?

2. Wat bewondert de vertelster als ze langs het strand loopt?

3. Waar moet de vertelster op letten als ze langs het strand loopt?

4. Waar gaat de verteller zitten om van het uitzicht te genieten?

5. Hoe lang blijft de verteller daar zitten?

6. Wie ziet de verteller als ze haar ogen weer opent?

7. Wat zegt de moeder van de verteller?

8. Waar praten de verteller en de mensen die ze ontmoet over?

Κάμπινγκ στη λίμνη

Περπατάω προς τη λίμνη, **θαυμάζοντας** την ηρεμία της σκηνής. Ο ήλιος πέφτει πάνω στη μικρή λίμνη, κάνοντας το νερό να μοιάζει με γυάλινο φύλλο. Η μόνη κίνηση είναι ο περιστασιακός κυματισμός από ένα ψάρι που **σπάει** την επιφάνεια. Ακόμα και τα πουλιά φαίνεται να κάνουν ένα διάλειμμα από τη ζέστη, με μόνο τον ήχο των τζιτζικιών να γεμίζει τον αέρα. **Ξαφνικά**, η γαλήνη διακόπτεται από έναν δυνατό παφλασμό. Ένα μεγάλο **ψάρι** έχει πηδήξει έξω από το νερό, προσπαθώντας να πιάσει μια λιβελούλα. Το ψάρι χάνει το στόχο του και πέφτει πίσω στο νερό με έναν παφλασμό. "Ουάου", σκέφτομαι, "αυτό ήταν ένα μεγάλο ψάρι!". Κοίταξα γύρω μου για να δω αν το είδε κάποιος άλλος, αλλά δεν υπήρχε κανείς τριγύρω. Υποθέτω ότι θα πρέπει να τους το πω όταν επιστρέψω στην κατασκήνωση.

Η ζέστη είναι **αποπνικτική**, με αποτέλεσμα να δυσκολεύεσαι να αναπνεύσεις. Ο αέρας είναι πυκνός και βαρύς, σαν κουβέρτα που σε τυλίγει. Η μόνη ανακούφιση είναι το νερό. Είναι δροσερό και αναζωογονητικό, σαν ένα κρύο ποτό σε μια ζεστή μέρα. Παίρνω μια βαθιά ανάσα και βουτάω στο νερό. Η ανακούφιση είναι άμεση καθώς το δροσερό νερό με περιβάλλει. Κολυμπάω μέχρι το βυθό και μετά

Kamperen aan het meer

Ik loop naar het meer en **bewonder** de vredigheid van het tafereel. De zon schijnt op het meertje, waardoor het water een glazen plaat lijkt. De enige beweging is af en toe een rimpeling van een vis **die** het wateroppervlak breekt. Zelfs de vogels lijken een pauze te nemen van de hitte, met alleen het geluid van cicaden die de lucht vullen. **Plotseling** wordt de rust verbroken door een luide plons. Een grote **vis** is uit het water gesprongen, in een poging een libel te vangen. De vis mist zijn doel en valt met een plons terug in het water. "Wow," denk ik bij mezelf, "dat was een grote vis!." Ik keek om me heen om te zien of iemand anders hem had gezien, maar er was niemand in de buurt. Ik denk dat ik het ze zal moeten vertellen als ik terug ben in het kamp.

De hitte is **drukkend**, waardoor het moeilijk is om te ademen. De lucht is dik en zwaar, als een deken om je heen gewikkeld. De enige verlichting is in het water. Het is koel en verfrissend, als een koud drankje op een warme dag. Ik haal diep adem en duik in het water. De opluchting is onmiddellijk als het koele water me omringt. Ik zwem naar de bodem en dan weer naar de oppervlakte, terwijl ik voel hoe het water mijn lichaam afkoelt. Ik blijf baantjes trekken en geniet van de

ξαναβγαίνω στην επιφάνεια, νιώθοντας το νερό να δροσίζει το σώμα μου. Συνεχίζω να **κολυμπάω** γύρους, απολαμβάνοντας την ανάπαυλα από τη ζέστη. Μετά από λίγο, βγαίνω από το νερό και ξαπλώνω στο γρασίδι, αφήνοντας τον ήλιο να στεγνώσει το σώμα μου. Κλείνω τα μάτια μου και πέφτω για ύπνο, με τον ήχο των **τζιτζικιών** να με νανουρίζει σε βαθύ ύπνο. Αφήνω τον ήλιο να βγάλει το νερό από το δέρμα μου. Νιώθω το δέρμα μου να κοκκινίζει, αλλά δεν με νοιάζει. Κάνω πολύ ζέστη για να με νοιάζει.Το επόμενο πράγμα που καταλαβαίνω είναι ότι ο ήλιος δύει. Ο ουρανός έχει ένα όμορφο πορτοκαλί χρώμα, με ροζ και μοβ ανταύγειες. Η ζέστη έχει φύγει, και τη θέση της έχει πάρει ένα δροσερό **αεράκι**.

Σηκώνομαι και ξαναφορώ τα ρούχα μου, νιώθοντας ανανεωμένη και αναζωογονημένη. Παίρνω μια βαθιά **ανάσα** από τον δροσερό αέρα και χαμογελάω. Είναι ωραίο να είσαι ζωντανός. Επιστρέφω με τα πόδια στην κατασκήνωση, θαυμάζοντας τον τρόπο που τα χρώματα χορεύουν στον ουρανό. Βλέπω τη φωτιά να καίει στο βάθος και μυρίζω τον καπνό στον αέρα. Χαμογελάω και **επιταχύνω** το βήμα μου. Είμαι έτοιμη να χαλαρώσω και να απολαύσω το υπόλοιπο της βραδιάς μου. Μπαίνω στο κάμπινγκ και βλέπω ότι όλοι είναι συγκεντρωμένοι γύρω από τη φωτιά. **Γελούν** και αστειεύονται και βλέπω τη φωτιά να αντανακλάται στα μάτια τους. Χαμογελάω και κάθομαι δίπλα στους φίλους μου. Είναι ωραία που επέστρεψα.

afkoeling van de hitte. Na een tijdje kom ik uit het water en ga op het gras liggen, zodat de zon mijn lichaam kan drogen. Ik sluit mijn ogen en val in slaap, het geluid van de **cicaden** brengt me in een diepe slaap. Ik laat de zon het water uit mijn huid bakken. Ik voel dat mijn huid rood wordt, maar dat kan me niet schelen. Ik heb het te warm om me zorgen te maken. Het volgende dat ik weet, is dat de zon ondergaat. De lucht is prachtig oranje, met roze en paarse strepen. De hitte is weg, vervangen door een koel **briesje**.

Ik sta op en trek mijn kleren weer aan. Ik voel me verfrist en verjongd. Ik haal diep **adem** uit de koele lucht en glimlach. Het voelt goed om te leven. Ik loop terug naar de camping en bewonder de manier waarop de kleuren in de lucht dansen. In de verte zie ik het kampvuur branden, en ik ruik de rook in de lucht.
Ik glimlach en **versnel** mijn pas. Ik ben klaar om te ontspannen en te genieten van de rest van mijn avond. Ik loop de camping op en zie dat iedereen rond het vuur zit. Ze **lachen** en maken grapjes, en ik kan het vuur in hun ogen zien weerkaatsen. Ik glimlach en ga naast mijn vrienden zitten. Het is goed om terug te zijn.

Ερωτήσεις κατανόησης

1. Πού πηγαίνει ο περιπατητής;

2. τι είδους καιρός επικρατεί;

3. Πώς μοιάζει το νερό;

4. Πώς αντιδρά ο περιπατητής στη ζέστη;

5. Τι κάνει το ψάρι;

6. Γιατί ο περιπατητής είναι μόνος του;

7. Πώς αισθάνεστε το νερό;

8. Πώς αισθάνεται ο περιπατητής μετά το κολύμπι;

9. Τι ώρα της ημέρας είναι όταν ο περιπατητής ξυπνάει;

10. Πού πηγαίνει ο περιπατητής όταν φεύγει από τον καταυλισμό;

Begrip vragen

1. Waar gaat de wandelaar heen?

2. Wat voor weer is het?

3. Hoe ziet het water eruit?

4. Hoe reageert de wandelaar op de hitte?

5. Wat doet de vis?

6. Waarom is de wandelaar alleen?

7. Hoe voelt het water aan?

8. Hoe voelt de wandelaar zich na het zwemmen?

9. Hoe laat is het als de wandelaar wakker wordt?

10. Waar gaat de wandelaar heen als hij het kamp verlaat?

Το σπίτι

Μετακόμισα στο νέο μου σπίτι την περασμένη εβδομάδα και είμαι τόσο **ενθουσιασμένη**! Είναι πολύ μεγαλύτερο από το παλιό μου και έχει μεγάλη αυλή. Ανυπομονώ να καλέσω φίλους για μπάρμπεκιου και πάρτι. **Το αγαπημένο μου** μέρος είναι η νέα μου κρεβατοκάμαρα. Είναι τόσο μεγάλο και φωτεινό και έχω πολύ χώρο για να βάλω όλα μου τα πράγματα. Είμαι πολύ χαρούμενη με το νέο μου σπίτι και νομίζω ότι θα είμαι πολύ ευτυχισμένη εδώ. Αποφάσισα να εξερευνήσω το σπίτι λίγο περισσότερο. Ανέβηκα στον δεύτερο όροφο και άρχισα να κατευθύνομαι προς την κουζίνα, όταν είδα μια μεγάλη μαύρη αράχνη στον τοίχο! Ούρλιαξα και έτρεξα κάτω. **Φοβήθηκα** τόσο πολύ! Αλλά μετά από λίγα λεπτά, ηρέμησα και αποφάσισα να ξαναπάω επάνω. Πήγα σιγά σιγά στην κουζίνα και είδα ότι η αράχνη είχε φύγει. Ανακουφίστηκα τόσο πολύ! Κατέβηκα πάλι κάτω και αποφάσισα να βγω έξω να εξερευνήσω την **πίσω αυλή**. Ήταν τόσο μεγάλη! Δεν μπορούσα να το πιστέψω. Είδα μια κούνια στη γωνία και μια τσουλήθρα. Είδα επίσης ένα δίχτυ μπάσκετ και ένα **τραμπολίνο**. Ήμουν τόσο ενθουσιασμένη!

Ανυπομονώ να χρησιμοποιήσω όλα αυτά τα νέα πράγματα. Οι **γείτονες** ήρθαν και συστήθηκαν. Φάνηκαν πολύ καλοί και μιλήσαμε για λίγο. Με

Het Huis

Ik ben vorige week in mijn nieuwe huis getrokken, en ik ben zo **opgewonden**! Het is zoveel groter dan mijn oude, en het heeft een grote achtertuin. Ik kan niet wachten om vrienden uit te nodigen voor BBQ's en feestjes. Mijn **favoriete** deel is mijn nieuwe slaapkamer. Hij is zo groot en licht, en ik heb veel ruimte om al mijn spullen op te bergen. Ik ben echt blij met mijn nieuwe huis en ik denk dat ik hier heel gelukkig zal zijn. Ik besloot om het huis nog wat verder te verkennen. Ik ging naar boven naar de tweede verdieping en ging op weg naar de keuken toen ik een grote zwarte spin op de muur zag! Ik gilde en rende naar beneden. Ik was zo **bang**! Maar na een paar minuten was ik gekalmeerd en besloot ik terug naar boven te gaan. Ik ging langzaam naar de keuken en zag dat de spin weg was. Ik was zo opgelucht! Ik ging terug naar beneden en besloot naar buiten te gaan om de **achtertuin te verkennen**. Hij was zo groot! Ik kon het niet geloven. Ik zag een schommel in de hoek en een glijbaan. Ik zag ook een basketbalnet en een **trampoline**. Ik was zo opgewonden!

Ik kan niet wachten om al deze nieuwe spullen te gebruiken. De **buren** kwamen langs en stelden zich voor. Ze leken erg aardig, en we hebben een tijdje gepraat. Ze nodigden me uit voor hun BBQ volgend

προσκάλεσαν στο μπάρμπεκιου τους το επόμενο Σαββατοκύριακο και είπα ότι θα ήθελα πολύ να έρθω. Πέρασα μια υπέροχη πρώτη εβδομάδα στο νέο μου σπίτι και είμαι ενθουσιασμένη για όλες τις νέες περιπέτειες που έρχονται. Σήμερα, θα πάω να εξερευνήσω ξανά την πίσω αυλή και να δω τι άλλο μπορώ να βρω. Ποιος ξέρει, ίσως βρω και κάποιο **θησαυρό**. Ανυπομονώ να δω τι θα φέρει η επόμενη εβδομάδα! Την επόμενη εβδομάδα, πήγα πάλι για εξερεύνηση στην πίσω αυλή και βρήκα έναν **μυστικό** κήπο. Ήταν τόσο όμορφος! Υπήρχαν παντού λουλούδια και μια μικρή λιμνούλα με ψάρια. Είδα επίσης μια κούνια που δεν είχα ξαναδεί. Ήμουν τόσο ενθουσιασμένη που βρήκα αυτόν τον μυστικό κήπο και ανυπομονώ να τον εξερευνήσω περισσότερο. Ήταν τόσο **όμορφος**!

Υπήρχαν παντού λουλούδια και μια μικρή λιμνούλα με ψάρια. Είδα επίσης μια κούνια που δεν είχα ξαναδεί. Ήμουν τόσο ενθουσιασμένη που βρήκα αυτόν τον μυστικό κήπο και ανυπομονώ να τον εξερευνήσω περισσότερο. Μου άρεσε επίσης το νέο μου δωμάτιο. Ήταν τόσο μεγάλο και φωτεινό, και υπήρχαν ήδη αφίσες των αγαπημένων μου συγκροτημάτων στους τοίχους. Δεν χρειάστηκε καν να φέρω δικά μου **έπιπλα**, επειδή υπήρχε ήδη ένα κρεβάτι, μια συρταριέρα και ένα γραφείο εδώ. Αυτή θα είναι η καλύτερη χρονιά όλων των εποχών! Είχα λίγο άγχος για την αρχή σε ένα νέο **σχολείο, αλλά** όλοι οι νέοι μου γείτονες ήταν τόσο φιλικοί.

weekend, en ik zei dat ik graag zou komen. Ik had een geweldige eerste week in mijn nieuwe huis, en ik ben opgewonden over alle nieuwe avonturen die in het verschiet liggen. Vandaag ga ik weer op verkenning in de achtertuin en kijken wat ik nog meer kan vinden. Wie weet, misschien vind ik wel een **schat**. Ik kan niet wachten om te zien wat de volgende week brengt!
De volgende week ging ik weer op verkenning in de achtertuin, en ik vond een **geheime** tuin. Het was zo mooi! Er waren overal bloemen en een kleine vijver met vissen erin. Ik zag ook een schommel die ik nog niet eerder had gezien. Ik was zo opgewonden toen ik deze geheime tuin vond, en ik kan niet wachten om hem verder te verkennen. Het was zo **mooi**!

Er waren overal bloemen en een kleine vijver met vissen erin. Ik zag ook een **schommel** die ik nog niet eerder had gezien. Ik was zo opgewonden toen ik deze geheime tuin vond, en ik kan niet wachten om hem verder te verkennen. Ik vond mijn nieuwe kamer ook geweldig. Hij was zo groot en licht, en er hingen al posters van mijn favoriete bands aan de muur. Ik hoefde niet eens mijn eigen **meubels** mee te nemen, want er stonden al een bed, een dressoir en een bureau. Dit wordt het beste jaar ooit! Ik was een beetje nerveus om op een nieuwe **school** te beginnen, maar al mijn nieuwe buren zijn zo vriendelijk.

Ερωτήσεις κατανόησης

1. Πού ζει το άτομο;

2. Πώς του αρέσει στο νέο σπίτι;

3. Ποιο είναι το αγαπημένο μέρος του ατόμου στο νέο σπίτι;

4. Τι βρήκε το άτομο στον κήπο;

5. Ποιοι είναι οι γείτονες;

6. Πώς αισθάνθηκε το άτομο τις πρώτες ημέρες στο νέο σπίτι;

7. Ποιο είναι το αγαπημένο σημείο του ατόμου στο νέο δωμάτιο;

8. Τι σκοπεύει να κάνει το άτομο αύριο;

9. Ποιο ήταν το καλύτερο μέρος της πρώτης εβδομάδας του ατόμου στο νέο σπίτι;

10. Ποια είναι τα πάντα στο νέο δωμάτιο του ατόμου;

Begrip vragen

1. Waar woont de persoon?

2. Hoe vindt de persoon het in het nieuwe huis?

3. Wat is het favoriete deel van het nieuwe huis van de persoon?

4. Wat heeft de persoon in de tuin gevonden?

5. Wie zijn de buren?

6. Hoe voelde de persoon zich de eerste dagen in het nieuwe huis?

7. Wat is het favoriete deel van de nieuwe kamer van de persoon?

8. Wat is de persoon van plan morgen te doen?

9. Wat was het beste deel van de eerste week van de persoon in het nieuwe huis?

10. Wat is er allemaal in de nieuwe kamer van de persoon?

Στο τρένο

Έτρεξα στο σταθμό του τρένου, αλλά άργησα πολύ.
Το τρένο είχε ήδη φύγει χωρίς εμένα. Ένιωσα τόσο
θυμωμένος και **απογοητευμένος** με τον εαυτό μου.
Σχεδίαζα να πάρω το τρένο για να επισκεφτώ τους
παππούδες μου που ζουν στην εξοχή, αλλά τώρα
θα έπρεπε να περιμένω μια ολόκληρη ώρα για το
επόμενο τρένο. Αποφάσισα αντ' αυτού να περπατήσω
για λίγο στην πόλη και προσπάθησα να ξεχάσω τη
χαμένη μου ευκαιρία. Καθώς περπατούσα, άρχισα να
ονειρεύομαι όλα τα μέρη που μπορούν να σε πάνε τα
τρένα. Ξαφνικά, δεν ήμουν πια τόσο αναστατωμένη.
Επιστρέφω στο σταθμό και δεν μπορώ παρά να
παρατηρήσω τη μεγάλη κόκκινη, άσπρη και μπλε
ατμομηχανή που έτρεχε προς το μέρος μου. Μόνο
όταν βλέπω τον **εισπράκτορα να** με χαιρετάει από το
παράθυρο, συνειδητοποιώ ότι αυτό το τρένο είναι για
μένα. Επιβιβάζομαι στο τρένο και βρίσκω τη θέση μου,
βολευόμενος σε αυτό που υπόσχεται να είναι ένα μακρύ
ταξίδι.

Καθώς βγαίνουμε από το σταθμό, δεν μπορώ παρά να
αναρωτηθώ πού θα με πάει αυτό το τρένο. Μέσα από
πράσινα **χωράφια** και πάνω από γαλάζια ποτάμια,
πέρα από βουνά και κοιλάδες, δεν μπορώ να πω πού
θα πάει αυτό το παλιό τρένο. Καθώς η νύχτα αρχίζει

In de trein

Ik rende naar het treinstation, maar ik was te laat. De trein was al vertrokken zonder mij. Ik voelde me zo **boos** en **teleurgesteld** in mezelf. Ik was van plan om met de trein naar mijn grootouders te gaan die op het platteland wonen, maar nu moest ik een heel uur wachten op de volgende trein. Ik besloot in plaats daarvan een eindje door de stad te lopen en probeerde mijn gemiste kans te vergeten. Terwijl ik liep, begon ik **te dagdromen** over alle plaatsen waar **treinen** je kunnen brengen. Plotseling was ik niet meer zo van streek. Ik liep terug naar het station en zag de grote rood-wit-blauwe locomotief die op me af kwam rijden. Pas als ik de **conducteur** vanuit het raam naar me zie zwaaien, realiseer ik me dat deze trein voor mij is. Ik stap in de trein en zoek een zitplaats. Ik ga zitten voor wat een lange reis belooft te worden.

Terwijl we het station uitrijden, vraag ik me af waar deze trein me heen zal brengen. Door groene **velden** en over blauwe rivieren, langs bergen en valleien, het is niet te zeggen waar deze oude trein heen zal gaan. Als de nacht begint te vallen, drijf ik weg in een **vredige** slaap, gewiegd door de **ritmische** beweging van de wagons op de sporen beneden. Als het weer ochtend wordt, open ik mijn ogen en zie dat we in een klein stadje

να πέφτει, πέφτω σε έναν **ήρεμο** ύπνο, νανουρισμένος από τη **ρυθμική** κίνηση των βαγονιών στις γραμμές από κάτω. Όταν ξημερώνει ξανά, ανοίγω τα μάτια μου και διαπιστώνω ότι έχουμε φτάσει σε μια μικρή πόλη κάπου στη μέση του πουθενά. Ο ήλιος μόλις ξεπροβάλλει από τον ορίζοντα, καθώς οι ντόπιοι αρχίζουν να κυκλοφορούν στην κεντρική οδό- μοιάζει με οποιαδήποτε άλλη μέρα εδώ, εκτός από ένα πράγμα - υπάρχει μια μεγάλη πινακίδα κοντά στο δημαρχείο που γράφει "Καλώς ήρθατε στο πλοίο!". Φαίνεται ότι αυτή η μικρή πόλη μας περίμενε, παρόλο που είμαστε απλώς ένα συνηθισμένο **επιβατικό** τρένο που περνάει από εδώ στο δρόμο του για αλλού. Καθώς αφήνουμε την πόλη πίσω μας για άλλη μια φορά, τρέχοντας προς ποιος ξέρει πού θα πάμε, χαμογελάω με όλα τα φιλικά πρόσωπα που μας χαιρετούν από αυτά τα μικρά σπίτια που βρίσκονται ανάμεσα σε **αγροτικές εκτάσεις -** είναι πραγματικά εκπληκτικό πώς κάτι τόσο φαινομενικά συνηθισμένο μπορεί να φέρει τόση χαρά απλά και μόνο περνώντας από εδώ. Και μετά, φυσικά, υπάρχουν και τα **παιδιά**.

ergens in niemandsland zijn aangekomen. De zon komt
net boven de horizon als de plaatselijke bevolking zich
in de hoofdstraat begint te mengen; het ziet er hier
uit als elke andere dag, behalve één ding - er hangt
een groot bord bij het stadhuis met de tekst "Welkom
aan boord!" Het lijkt erop dat dit stadje ons verwacht,
ook al zijn we maar een gewone passagierstrein op
doorreis naar elders. Terwijl we de stad weer achter
ons laten, op weg naar wie weet waar, glimlach ik om
al die vriendelijke gezichten die ons uitzwaaien vanuit
die kleine huisjes tussen **het boerenland -** het is echt
verbazingwekkend hoe iets dat zo gewoon lijkt, zoveel
vreugde kan brengen door er gewoon langs te rijden.
En dan, natuurlijk, zijn er de **kinderen**.

Ερωτήσεις κατανόησης

1. Πού πηγαίνει το τρένο;

2. Ποιος ταξιδεύει με το τρένο;

3. Πότε φεύγει το τρένο;

4. Πώς επιβιβάζεται ο πρωταγωνιστής στο τρένο;

5. Από πού έρχεται το τρένο;

6. Πού πηγαίνει το τρένο μετά;

7. Πότε έφτασαν οι επιβάτες;

8. Πώς αισθάνεται ο πρωταγωνιστής όταν χάνει το τρένο;

9. Πώς αντιδρά ο οδηγός του τρένου όταν βλέπει τον πρωταγωνιστή;

10. Γιατί στον πρωταγωνιστή αρέσουν τα τρένα;

Begrip vragen

1. Waar gaat de trein heen?

2. Wie reist er met de trein?

3. Wanneer vertrekt de trein?

4. Hoe komt de hoofdpersoon op de trein?

5. Waar komt de trein vandaan?

6. Waar gaat de trein nu heen?

7. Wanneer zijn de passagiers aangekomen?

8. Hoe voelt de hoofdpersoon zich als hij de trein mist?

9. Hoe reageert de treinmachinist als hij de hoofdpersoon ziet?

10. Waarom houdt de hoofdpersoon van treinen?

Μαγείρεμα δείπνο

Είναι 5 το απόγευμα και γυρίζω με τα πόδια από τη δουλειά. **Ανυπομονώ** να περάσω ένα ήρεμο βράδυ στο σπίτι με τον σύντροφό μου. Θα μαγειρέψουμε δείπνο μαζί και μετά θα χαλαρώσουμε για το υπόλοιπο της νύχτας. Νιώθω καλά που ξέρω ότι δεν έχω σχέδια ή υποχρεώσεις αυτό το **βράδυ**. Φτάνω στο σπίτι και ο σύντροφός μου είναι ήδη στην κουζίνα, αρχίζοντας να ετοιμάζει το δείπνο μας. Μυρίζει **καταπληκτικά** εδώ μέσα! Συζητάμε καθώς μαγειρεύουμε, ενημερώνοντας ο ένας τον άλλον για τις μέρες του και μοιραζόμενοι μικρές ιστορίες από τη ζωή μας στη δουλειά. Η κουζίνα είναι το αγαπημένο μου δωμάτιο στο διαμέρισμά μας. Λατρεύω να μαγειρεύω και ιδιαίτερα λατρεύω να μαγειρεύω με τον σύντροφό μου. Πάντα περνάμε τόσο καλά εδώ μέσα, γελώντας και αστειευόμενοι ενώ μαγειρεύουμε σαν τρελοί. Επιπλέον, το φαγητό είναι πάντα **απίστευτο** όταν δουλεύουμε **μαζί**.

Απόψε, θα φτιάξουμε μια από τις αγαπημένες μου συνταγές: **κοτόπουλο** παρμεζάνα. Ο σύντροφός μου ξεκινάει παναρίθοντας το κοτόπουλο, ενώ εγώ βάζω τη σάλτσα να σιγοβράζει στη **φωτιά**. Δουλεύουμε μαζί σαν μια καλολαδωμένη μηχανή, και σε λίγο το δείπνο είναι έτοιμο για σερβίρισμα. Καθόμαστε στο μικρό τραπέζι της κουζίνας μας με τα **πιάτα γεμάτα με** κοτόπουλο

Diner koken

Het is nu 5 uur 's middags en ik loop van mijn werk naar huis. Ik kijk **uit** naar een rustige avond thuis met mijn partner. We zullen samen eten koken en dan de rest van de avond ontspannen. Het voelt goed om te weten dat ik deze **avond** geen plannen of verplichtingen heb. Ik kom thuis en mijn partner is al in de keuken om ons eten klaar te maken. Het ruikt hier geweldig! We kletsen terwijl we koken, praten bij over elkaars dagen en delen kleine verhalen uit ons werkleven. De keuken is mijn favoriete kamer in ons appartement. Ik hou van koken, en vooral van koken met mijn partner. We hebben het hier altijd zo gezellig, we lachen en maken grapjes terwijl we koken. En het eten is altijd **heerlijk** als we **samenwerken**.

Vanavond maken we een van m'n lievelingsrecepten: Parmezaanse kip. Mijn partner begint met het paneren van de kip, terwijl ik de saus op het **fornuis** laat pruttelen. We werken samen als een goed geoliede machine en al snel is het eten klaar om op te dienen. We gaan aan onze kleine keukentafel zitten met **borden** vol met Parmezaanse kip, pasta en salade. We klinken op de glazen en nemen onze eerste hap, en het is **hemels**! De kip is knapperig van buiten maar sappig van binnen; de saus is smaakvol en perfect;

παρμεζάνα, ζυμαρικά και σαλάτα. Τσουγκρίζουμε τα ποτήρια και παίρνουμε την πρώτη μας μπουκιά - και είναι **παραδεισένιο**! Το κοτόπουλο είναι τραγανό απ' έξω αλλά ζουμερό από μέσα, η σάλτσα είναι γευστική και τέλεια, τα ζυμαρικά είναι μαγειρεμένα al dente... όλα έχουν απολύτως τέλεια γεύση απόψε. Ξέρουμε και οι δύο ότι αυτή ήταν μια από εκείνες τις βραδιές που όλα συνδυάστηκαν τέλεια, καθώς **απολαμβάνουμε** και την τελευταία μπουκιά του νόστιμου γεύματός μας. Η γεύση του ήταν ακόμα καλύτερη απ' ό,τι μύριζε - που ήταν πολύ καλή! Τελειώνουμε το γεύμα μας σχετικά γρήγορα, καθώς κανένας από τους δυο μας δεν πεινάει ιδιαίτερα σήμερα, αλλά παίρνουμε το χρόνο μας απολαμβάνοντας μερικά ακόμη **ποτήρια** κρασί, ενώ συζητάμε ελαφρά τη καρδία για το ένα και το άλλο θέμα. Μετά το δείπνο, καθαρίζουμε γρήγορα μαζί και στη συνέχεια μεταφερόμαστε στο σαλόνι, όπου περνάμε λίγη ώρα **αγκαλιά** στον καναπέ βλέποντας τηλεόραση.

Είναι τόσο ωραίο να είμαστε κοντά ο ένας στον άλλον μετά από μια κουραστική μέρα **εργασίας**. Αισθάνομαι ικανοποιημένος. Παρόλο που δεν είχαμε μια περιπετειώδη βραδιά, ήταν ωραίο να περάσουμε λίγο χρόνο μαζί χωρίς να χρειαστεί να βγούμε από το σπίτι. Είδαμε μια ταινία και πέσαμε νωρίς για ύπνο, νιώθοντας **ικανοποιημένοι** με την απλή μας βραδιά.

de pasta is al dente gekookt... alles smaakt absoluut perfect vanavond. We weten allebei dat dit een van die avonden was waarop alles perfect samenkwam en we **genieten van** elke laatste hap van onze heerlijke maaltijd. Het smaakte nog beter dan het rook, en dat was verdomd goed! We eten relatief snel, omdat geen van ons beiden vandaag honger heeft, maar we nemen de tijd om nog een paar **glazen** wijn te drinken terwijl we luchtig kletsen over van alles en nog wat. Na het eten ruimen we snel samen op en gaan dan naar de woonkamer, waar we een poosje **knuffelen** op de bank terwijl we TV kijken.

Het voelt zo fijn om dicht bij elkaar te zijn na een lange dag apart **werken**. Ik voel me voldaan. Ook al hadden we geen avond vol belevenissen, het was fijn om gewoon wat tijd met elkaar door te brengen zonder het huis uit te hoeven. We keken een film en gingen vroeg naar bed, met een **voldaan** gevoel over onze eenvoudige avond.

Ερωτήσεις κατανόησης

1. Από πού προέρχεται ο αφηγητής;

2. Τι κάνει ο αφηγητής μετά τη δουλειά;

3. Τι τρώει ο αφηγητής για δείπνο;

4. Γιατί αρέσει στον αφηγητή η κουζίνα;

5. Τι είδους πιάτο μαγειρεύει το ζευγάρι;

6. Πώς αισθάνεται ο αφηγητής στο τέλος της βραδιάς;

7. Ποιο είναι το αγαπημένο πράγμα που κάνει το ζευγάρι;

8. Τι κάνει το ζευγάρι όταν κουράζεται;

9. Πού κοιμούνται;

10. Γιατί αρέσει στον αφηγητή να μένει στο σπίτι;

Begrip vragen

1. Waar komt de verteller vandaan?

2. Wat doet de verteller na het werk?

3. Wat eet de verteller als avondeten?

4. Waarom houdt de verteller van de keuken?

5. Wat voor gerecht kookt het stel?

6. Hoe voelt de verteller zich aan het eind van de avond?

7. Wat is het favoriete ding van het koppel om te doen?

8. Wat doet het stel als ze moe worden?

9. Waar slapen ze?

10. Waarom blijft de verteller graag thuis?

Περπατώντας στο σπίτι

Ήταν μια **ήσυχη** νύχτα καθώς γύριζα σπίτι από τη δουλειά. Καθώς περπατούσα, δεν μπορούσα παρά να χαμογελάσω με τις αναμνήσεις. Ένιωθα όμορφα που επέστρεφα στην παλιά μου γειτονιά. Χαιρέτησα μερικούς ανθρώπους που γνώριζα και μου χαιρέτησαν κι εκείνοι. Ήταν ωραίο να βρίσκομαι στο σπίτι μου. Πέρασα από το παλιό μου σχολείο και **θυμήθηκα** όλες τις καλές στιγμές που πέρασα με τους φίλους μου. Περπατούσαμε πάντα μαζί στο σπίτι και μιλούσαμε για τη μέρα μας. **Μερικές φορές** σταματούσαμε για παγωτό ή πηγαίναμε στο πάρκο. Αυτές ήταν οι καλύτερες στιγμές. Μου λείπουν αυτές οι στιγμές. Αλλά τώρα έχω τη δική μου οικογένεια και είμαι ευτυχισμένη με τη ζωή μου. Χαίρομαι που μπορώ να αναπολώ αυτές τις αναμνήσεις και να χαμογελάω. Είναι ένα κομμάτι της ζωής μου που θα αγαπώ πάντα. Αυτές ήταν οι καλύτερες στιγμές. Μου λείπουν αυτές οι στιγμές. Αλλά τώρα έχω τη δική μου οικογένεια και είμαι ευτυχισμένη με τη ζωή μου. Χαίρομαι που μπορώ να αναπολώ αυτές τις **αναμνήσεις** και να χαμογελάω. Είναι ένα κομμάτι της ζωής μου που θα αγαπώ πάντα.

Συνεχίζω να περπατάω, σκεπτόμενος τις καλές στιγμές που πέρασα με τους φίλους μου. Ξέρω ότι θα τους

Walking Home

Het was een **rustige** avond toen ik van mijn werk naar huis liep. Terwijl ik liep, kon ik niet anders dan glimlachen bij de herinneringen. Het voelde goed om terug in mijn oude buurt te zijn. Ik zwaaide naar een paar mensen die ik kende, en zij zwaaiden terug. Het was goed om thuis te zijn. Ik liep langs mijn oude school en **herinnerde me** alle leuke tijden die ik had met mijn vrienden. We liepen altijd samen naar huis en praatten over onze dag. **Soms** stopten we om een ijsje te halen of gingen we naar het park. Dat waren de beste tijden. Ik mis die tijden. Maar nu heb ik mijn eigen familie en ik ben blij met mijn leven. Ik ben blij dat ik op die herinneringen kan terugkijken en glimlachen. Ze zijn een deel van mijn leven dat ik altijd zal koesteren. Dat waren de beste tijden. Ik mis die tijden. Maar nu heb ik mijn eigen familie en ben ik gelukkig met mijn leven. Ik ben blij dat ik kan terugkijken op die **herinneringen** en kan glimlachen. Ze zijn een deel van mijn leven dat ik altijd zal koesteren.

Ik blijf lopen, denkend aan de goede tijden die ik had met mijn vrienden. Ik weet dat ik ze snel weer zal zien. Ik ga richting mijn huis en besluit door een park in de buurt te lopen. De zon gaat onder en de lucht

ξαναδώ σύντομα. Κατευθύνομαι προς το σπίτι μου
και αποφασίζω να περπατήσω σε ένα κοντινό πάρκο.
Ο ήλιος δύει και ο ουρανός έχει πάρει ένα **όμορφο**
πορτοκαλί χρώμα. Το πάρκο είναι άδειο, εκτός από
μερικά πουλιά που κελαηδούν στα δέντρα. Παίρνω μια
βαθιά **ανάσα** και χαμογελάω. Καθώς περπατώ μέσα
στο πάρκο, βλέπω ένα πεφταστέρι να διαγράφει τον
ουρανό. Έκανα μια ευχή σε αυτό το αστέρι και συνέχισα
να περπατάω. Σκέφτομαι τη μέρα μου στη δουλειά
και πόσο **γαλήνια** ήταν. Χαμογελάω στον εαυτό μου,
σκεπτόμενος πόσο τυχερή είμαι που έχω μια τόσο
καλή δουλειά. Περπατάω στο σπίτι, **νιώθοντας** τον
δροσερό νυχτερινό αέρα στο δέρμα μου. Αισθάνομαι
τόσο ζωντανή και ευτυχισμένη, απολαμβάνοντας την
απλή πράξη του να περπατάω στο σπίτι μου μια ήσυχη
νύχτα. Ένιωσα τόσο καλά, που άρχισα να **σφυρίζω**.
Προσπέρασα μερικούς ανθρώπους στο δρόμο, αλλά
όλοι κοιτούσαν τη δουλειά τους.

Γύρισα στη γωνία του δρόμου μου και είδα τη γάτα
του γείτονά μου, τον κύριο Whiskers, να κάθεται στη
βεράντα μου. Τον χαιρέτησα και μου νιαούρισε κι
εκείνος. **Ξεκλείδωσα την** πόρτα μου και μπήκα μέσα.
Ήμουν τόσο χαρούμενη που ήμουν σπίτι. Έβγαλα
τα παπούτσια μου και ετοιμάστηκα για ύπνο. Πήγα
για ύπνο εκείνο το βράδυ νιώθοντας ευτυχισμένη
και ευγνώμων, με την καρδιά μου γεμάτη αγάπη.
Κοιμήθηκα ήσυχα όλη τη νύχτα, χωρίς να ανησυχώ για
τίποτα.

kleurt **prachtig** oranje. Het park is leeg, behalve een paar vogels die in de bomen tjilpen. Ik haal diep **adem** en glimlach. Terwijl ik door het park loop, zie ik een vallende ster door de lucht scheren. Ik doe een wens op die ster, en loop verder. Ik denk aan mijn dag op het werk en hoe **vredig** het was. Ik glimlach in mezelf, denkend aan hoe gelukkig ik ben dat ik zo'n geweldige baan heb. Ik loop naar huis en **voel** de koele nachtlucht op mijn huid. Ik voel me zo levendig en gelukkig, gewoon genietend van de eenvoudige handeling van het naar huis lopen op een vredige avond. Ik voelde me zo goed, dat ik begon te **fluiten**. Ik liep langs een paar mensen op straat, maar ze bemoeiden zich allemaal met hun eigen zaken.

Ik draaide de hoek van mijn straat om en zag de kat van mijn buren, Mr. Whiskers, op mijn veranda zitten. Ik zei hem gedag en hij miauwde terug. Ik **deed** mijn deur **van het slot** en ging naar binnen. Ik was zo blij om thuis te zijn. Ik trok mijn schoenen uit en maakte me klaar om naar bed te gaan. Ik ging die avond naar bed met een blij en dankbaar gevoel, mijn hart vol liefde. Ik sliep de hele nacht rustig door, zonder me ergens zorgen over te maken.

Ερωτήσεις κατανόησης

1. Τι έκανε ο πρωταγωνιστής όταν ξεκίνησε η ιστορία;

2. Τι σκέφτηκε ο πρωταγωνιστής όταν περπατούσε στο σπίτι του;

3. Τι συνήθιζε να κάνει ο πρωταγωνιστής με τους φίλους του μετά το σχολείο;

4. Τι λείπει στον πρωταγωνιστή από εκείνες τις εποχές;

5. Τι σκέφτεται ο πρωταγωνιστής για την τρέχουσα ζωή του;

6. Τι κάνει ο πρωταγωνιστής όταν βλέπει ένα πεφταστέρι;

7. Πώς αισθάνεται ο πρωταγωνιστής όταν επιστρέφει στο σπίτι του;

8. Τι κάνει ο πρωταγωνιστής όταν επιστρέφει στο σπίτι;

9. Πώς αισθάνεται ο πρωταγωνιστής όταν ξυπνάει το επόμενο πρωί;

10. Τι κάνει ο πρωταγωνιστής την επόμενη μέρα;

Begrip vragen

1. Wat was de hoofdpersoon aan het doen toen het verhaal begon?

2. Waar dacht de hoofdpersoon aan toen hij naar huis liep?

3. Wat deed de hoofdpersoon vroeger met vrienden na school?

4. Wat mist de hoofdpersoon van die tijd?

5. Wat vindt de hoofdpersoon van zijn huidige leven?

6. Wat doet de hoofdpersoon als hij een vallende ster ziet?

7. Hoe voelt de hoofdpersoon zich als ze naar huis lopen?

8. Wat doet de hoofdpersoon als ze thuiskomen?

9. Hoe voelt de hoofdpersoon zich als hij de volgende ochtend wakker wordt?

10. Wat doet de hoofdpersoon de volgende dag?

Το κάστρο

Η οικογένεια ήθελε πάντα να επισκεφθεί ένα παλιό κάστρο στη **Γερμανία** και τελικά πραγματοποίησαν το ταξίδι. Δεν **απογοητεύτηκαν**. Το κάστρο ήταν πανέμορφο και τους άρεσε να εξερευνούν τα πολλά δωμάτια και τους διαδρόμους του. Το πρώτο πράγμα που τους έκανε εντύπωση ήταν η μυρωδιά. Βρήκαν **μούχλα**, υγρασία και κάτι άλλο που δεν μπορούσαν να προσδιορίσουν. Το δεύτερο πράγμα ήταν ο ήχος. Οι πέτρινοι τοίχοι είναι χοντροί, αλλά δεν αποσβένουν εντελώς τον ήχο. Άκουσαν κάθε βήμα, κάθε λέξη που ειπώθηκε με κανονική φωνή και το περιστασιακό στάξιμο νερού **κάπου στο** βάθος. Καθώς τα μάτια τους προσαρμόστηκαν στο αμυδρό φως, είδαν ογκώδεις πέτρινους τοίχους να ξεπροβάλλουν γύρω τους, με ταπισερί να κρέμονται από αυτούς σε **σκισμένα** κομμάτια. Στεκόντουσαν σε μια τεράστια αίθουσα με ψηλή οροφή που υποστηριζόταν από σκαλιστούς κίονες. Τους άρεσε επίσης η θέα από τους πυργίσκους, και τα παιδιά πέρασαν υπέροχα τρέχοντας στους χώρους. Ο **ήλιος** είχε αρχίσει να δύει όταν τελείωσαν την εξερεύνηση του κάστρου και μετάνιωσαν που δεν είχαν φέρει **φακό**. Αποφάσισαν να επιστρέψουν στην είσοδο, αλλά σύντομα βρέθηκαν χαμένοι. Περιπλανήθηκαν για ώρες, ώσπου τελικά βρήκαν μια πόρτα που οδηγούσε έξω. Συνέχισαν μέχρι που

Het kasteel

De familie had altijd al eens een oud kasteel in
Duitsland willen bezoeken, en eindelijk hebben ze
de reis gemaakt. Ze werden niet **teleurgesteld**. Het
kasteel was prachtig, en ze genoten van het verkennen
van de vele kamers en gangen. Het eerste wat hen
trof was de geur. Ze vonden **schimmel**, vochtigheid,
en iets anders waar ze hun vinger niet op konden
leggen. Het tweede was het geluid. Stenen muren
zijn dik, maar ze dempen het geluid niet volledig.
Ze hoorden elke voetstap, elk woord dat met een
normale stem werd gesproken, en af en toe een
druppeltje water **ergens** in de verte. Toen hun ogen
zich aanpasten aan het zwakke licht, zagen zij overal
om hen heen massieve stenen muren opdoemen,
waaraan wandtapijten in flarden hingen. Ze stonden in
een enorme hal met een hoog plafond, ondersteund
door gebeeldhouwde pilaren. Ze hielden ook van het
uitzicht vanaf de torentjes, en de kinderen vermaakten
zich met rondrennen over het terrein. De **zon** begon
al onder te gaan tegen de tijd dat ze klaar waren met
het verkennen van het kasteel, en ze betreurden
het dat ze geen **zaklamp** hadden meegenomen. Ze
besloten om terug te gaan naar de ingang, maar al
snel waren ze verdwaald. Ze dwaalden urenlang rond,
tot ze eindelijk een deur tegenkwamen die naar buiten

έφτασαν στο τέλος του διαδρόμου και έφτασαν σε μια επιβλητική διπλή πόρτα. Όσο κι αν προσπαθούσαν, οι πόρτες δεν μετακινούνταν. Χτυπούσαν **απειλητικά**, αλλά δεν κουνιόντουσαν ούτε εκατοστό. Φαινόταν ότι όποιος ήταν εδώ πριν, πρέπει να πέρασε από εδώ και να τις κλείδωσε από μέσα. Τελικά, βρίσκουν μια διέξοδο. Η ανακούφιση τους κατέκλυσε καθώς βγήκαν στον δροσερό νυχτερινό αέρα.

Ο ήλιος είχε αρχίσει να δύει και **μετάνιωσαν** που δεν είχαν φέρει φακό. Αποφάσισαν να επιστρέψουν στην είσοδο, αλλά σύντομα βρέθηκαν χαμένοι. Περιπλανήθηκαν για ώρες, ώσπου τελικά βρήκαν μια πόρτα που οδηγούσε **έξω**. Η ανακούφιση τους κατέκλυσε καθώς βγήκαν στον δροσερό νυχτερινό αέρα. Το επόμενο βράδυ, φρόντισαν να πάρουν μαζί τους έναν φακό καθώς εξερευνούσαν το υπόλοιπο κάστρο. Περπάτησαν μέσα από την **αυλή** και κατέβηκαν στο ποτάμι που έτρεχε πίσω από τα τείχη του **κάστρου.** Καθώς περπατούσαν τριγύρω, άρχισαν να ακούν παράξενους θορύβους. Ακουγόταν σαν κάποιος να τους ακολουθούσε. Επιτάχυναν το βηματισμό τους, αλλά οι θόρυβοι γίνονταν όλο και πιο δυνατοί και πλησίαζαν. Η οικογένεια έτρεξε πίσω στο κάστρο όσο πιο γρήγορα μπορούσε, και ανακουφίστηκαν όταν είδαν ότι η φιγούρα με τον **σκοτεινό** μανδύα δεν τους είχε ακολουθήσει.

leidde. Ze liepen door tot ze **aan het** eind van de gang kwamen bij een imposant stel dubbele deuren. Hoe ze ook probeerden, de deuren wilden niet bewegen. Ze rammelden **onheilspellend**, maar bewogen geen centimeter. Het leek erop dat degene die hier eerder was, hier doorheen was gegaan en ze van binnenuit had afgesloten. Uiteindelijk vinden ze een uitweg. Opluchting overspoelde hen toen ze naar buiten stapten in de koele nachtlucht.

De zon begon onder te gaan en zij **betreurden het** dat zij geen zaklamp hadden meegenomen. Ze besloten terug te gaan naar de ingang, maar al gauw waren ze verdwaald. Ze dwaalden urenlang rond, tot ze eindelijk een deur tegenkwamen die **naar buiten** leidde. Opluchting overviel hen toen ze naar buiten stapten in de koele nachtlucht. De volgende avond namen ze een zaklamp mee om de rest van het kasteel te verkennen. Ze liepen over de **binnenplaats** en naar de rivier die achter de kasteelmuren stroomde. Terwijl ze rondliepen, begonnen ze vreemde geluiden te horen. Het klonk alsof iemand hen volgde. Ze versnelden hun pas, maar de geluiden werden luider en dichterbij. De familie rende zo snel als ze konden terug naar het kasteel, en ze waren opgelucht toen ze zagen dat de figuur in de **donkere** mantel hen niet was gevolgd.

Ερωτήσεις κατανόησης

1. Τι έκανε η οικογένεια όταν χάθηκε στο κάστρο;

2. Πώς αισθάνθηκε η οικογένεια όταν έμαθε ότι επρόκειτο για έναν ντόπιο;

3. Τι έκανε ο άνδρας και συνελήφθη;

4. Ποια ήταν η ποινή για τον άνδρα;

5. Τι θόρυβο άκουσε η οικογένεια ενώ περπατούσε;

6. Πού βρισκόταν η φιγούρα με τον σκοτεινό μανδύα όταν τον είδε η οικογένεια;

7. Τι έκανε η οικογένεια όταν επέστρεψε στο δωμάτιό της;

8. Πότε η οικογένεια πήγε να εξερευνήσει ξανά το κάστρο;

9. Τι ήταν αυτό που η οικογένεια δεν μπορούσε να προσδιορίσει;

10. Τι έκανε η οικογένεια πριν εξερευνήσει ξανά το κάστρο;

Begrip vragen

1. Wat deed de familie toen ze verdwaald waren in het kasteel?

2. Hoe voelde de familie zich toen ze erachter kwamen dat het gewoon een lokale man was?

3. Wat heeft de man gedaan waardoor hij gearresteerd is?

4. Wat was de straf voor de man?

5. Welk geluid hoorde de familie tijdens de wandeling?

6. Waar was de figuur in de donkere mantel toen de familie hem zag?

7. Wat deed de familie toen ze terugkwamen in hun kamer?

8. Wanneer ging de familie het kasteel weer verkennen?

9. Wat was het ding waar de familie hun vinger niet op konden leggen?

10. Wat deed de familie voordat ze weer op verkenning gingen in het kasteel?

Ο κήπος μου

Ο κήπος μου είναι το ευτυχισμένο μου μέρος. Βγαίνω εκεί έξω κάθε μέρα, είτε βρέχει είτε βρέχει, και περνάω χρόνο φροντίζοντας τα φυτά μου. Έχω λίγο απ' **όλα - λαχανικά**, φρούτα, λουλούδια, βότανα. Έχω ακόμη και μερικές κότες που βοηθούν να κρατήσω τα παράσιτα μακριά. Ξεκινάω τις μέρες μου στον κήπο μαζεύοντας αυγά από τις κότες. Στη συνέχεια ελέγχω τα λαχανικά μου, φροντίζοντας να έχουν αρκετό νερό και ήλιο. Ξεχορταριάζω τα παρτέρια και απομακρύνω τυχόν ζωύφια που μπορεί να **προσβάλλουν** τα φυτά. Μόλις **τακτοποιηθούν όλα**, κάθομαι και απολαμβάνω την ηρεμία και την ησυχία της φύσης.

Πάντα μου άρεσε να περνάω χρόνο στον κήπο μου. Υπάρχει κάτι στο να είσαι περιτριγυρισμένος από τη φύση και όλη την **ομορφιά** που έχει να σου προσφέρει. Θεωρώ ότι είναι ένα πολύ γαλήνιο και ηρεμιστικό μέρος. Συχνά περνάω χρόνο στον κήπο μου χαλαρώνοντας και απολαμβάνοντας το τοπίο. Μου αρέσει επίσης να εργάζομαι στον κήπο μου και να καλλιεργώ πράγματα. Έχω έναν αρκετά μεγάλο κήπο και μου αρέσει να καλλιεργώ **διάφορα πράγματα** σε αυτόν. Καλλιεργώ λουλούδια, **λαχανικά** και βότανα. Έχω επίσης μερικά οπωροφόρα δέντρα που παράγουν νόστιμα μήλα, αχλάδια και δαμάσκηνα. Εκτός από την καλλιέργεια,

Mijn tuin

Mijn tuin is mijn geluksplek. Ik ga er elke dag heen, regen of zonneschijn, en besteed tijd aan het verzorgen van mijn planten. Ik heb een beetje van **alles: groenten**, fruit, bloemen, kruiden. Ik heb zelfs een paar kippen die helpen het ongedierte op afstand te houden. Ik begin mijn dagen in de tuin met het rapen van eieren bij de kippen. Dan controleer ik mijn groenten en zorg ervoor dat ze genoeg water en zon krijgen. Ik wied de bedden en verwijder insecten die de planten kunnen **aanvallen**. Als **alles** is gedaan, leun ik achterover en geniet van de rust en stilte van de natuur.

Ik heb altijd graag tijd doorgebracht in mijn tuin. Er is iets met het omringd zijn door de natuur en al het **moois** dat zij te bieden heeft. Ik vind het een heel vredige en kalmerende plek. Ik breng vaak tijd door in mijn tuin, gewoon om te ontspannen en te genieten van het landschap. Ik geniet er ook van om in mijn tuin te werken en dingen te kweken. Ik heb een behoorlijk grote tuin, en ik kweek er graag **verschillende** dingen in. Ik kweek bloemen, **groenten** en kruiden. Ik heb ook een paar fruitbomen die heerlijke appels, peren en pruimen voortbrengen. Naast het kweken van dingen, vind ik het ook leuk om gewoon in mijn tuin rond te lopen en de verschillende planten en dieren te

μου αρέσει επίσης να περνάω χρόνο περπατώντας στον κήπο μου, **θαυμάζοντας** όλα τα διαφορετικά φυτά και ζώα που τον αποκαλούν σπίτι τους. Έχω ξοδέψει πολλές ώρες όλα αυτά τα χρόνια δουλεύοντας για να μετατρέψω τον **κήπο μου σε** ένα μέρος που δεν είναι μόνο όμορφο αλλά και λειτουργικό. Λατρεύω να παρακολουθώ τα πουλιά που πετούν γύρω μου και να τα ακούω να τραγουδούν. Μερικές φορές μάλιστα βγάζω ένα βιβλίο και διαβάζω στον κήπο, ενώ περιβάλλομαι από όλη την ομορφιά που έχω δημιουργήσει. **Η κηπουρική** είναι το πάθος μου και μου δίνει τόση χαρά. Κάθε μέρα στον κήπο μου είναι μια καλή μέρα.

Ένα από τα πράγματα που μου αρέσει να κάνω είναι να μαγειρεύω, οπότε το να έχω έναν καλά εξοπλισμένο κήπο με βότανα είναι πολύ **σημαντικό** για μένα. Το θυμάρι, ο βασιλικός, η ρίγανη, το δεντρολίβανο, το φασκόμηλο και η λεβάντα είναι μερικά μόνο από τα βότανα που μου αρέσει να καλλιεργώ στον κήπο μου, ώστε να μπορώ να τα χρησιμοποιώ όταν μαγειρεύω για τον εαυτό μου ή για **τους καλεσμένους μου**. Ένα άλλο πράγμα που είναι σημαντικό για μένα όταν πρόκειται για τον κήπο μου είναι να διασφαλίσω ότι υπάρχει άφθονο χρώμα σε όλο τον κήπο μου. Για να επιτύχω αυτόν τον στόχο, καλλιεργώ μια μεγάλη ποικιλία λουλουδιών, όπως **τριαντάφυλλα**, κρίνα, μαργαρίτες, τουλίπες, impatiens, κατιφέδες κ.λπ.

bewonderen die er wonen. Ik heb in de loop der jaren vele uren besteed om van mijn **tuin** een plek te maken die niet alleen mooi is, maar ook functioneel. Ik kijk graag naar de vogels die rondfladderen en luister naar hun gezang. Soms haal ik zelfs een boek tevoorschijn en lees in de tuin terwijl ik omringd ben door al het moois dat ik heb gecreëerd. **Tuinieren** is mijn passie en het brengt me zoveel vreugde. Elke dag in mijn tuin is een goede dag.

Een van de dingen die ik graag doe is koken, dus een goed gevulde kruidentuin is erg **belangrijk** voor me. Tijm, basilicum, oregano, rozemarijn, salie en lavendel zijn slechts enkele van de kruiden die ik graag in mijn tuin kweek, zodat ik ze kan gebruiken bij het bereiden van maaltijden voor mezelf of voor **gasten**. Wat ik ook belangrijk vind in mijn tuin is dat er veel kleur in zit. Om dit doel te bereiken, kweek ik een grote verscheidenheid aan bloemen, waaronder **rozen**, lelies, madeliefjes, tulpen, impatiens, goudsbloemen, enz.

Ερωτήσεις κατανόησης

1. Πού βρίσκεται ο κήπος του συγγραφέα;

2. Πόσες κότες έχει ο συγγραφέας;

3. Τι κάνει ο συγγραφέας στον κήπο κάθε μέρα;

4. Γιατί αρέσει στον συγγραφέα ο κήπος;

5. Ποια βότανα φυτεύει ο συγγραφέας στον κήπο;

6. Γιατί είναι σημαντικό για τον συγγραφέα να υπάρχουν πολλά χρώματα στον κήπο του;

7. Πώς ο συγγραφέας φέρνει ποικιλία στον κήπο του;

8. Πώς αισθάνεται ο συγγραφέας όταν εργάζεται στον κήπο του;

9. Τι κάνει τον συγγραφέα να αισθάνεται συνδεδεμένος όταν βρίσκεται στον κήπο του;

10. Γιατί κάθε μέρα στον κήπο του συγγραφέα είναι μια καλή μέρα;

Begrip vragen

1. Waar is de tuin van de auteur?

2. Hoeveel kippen heeft de schrijver?

3. Wat doet de schrijver elke dag in de tuin?

4. Waarom houdt de auteur van de tuin?

5. Welke kruiden plant de auteur in de tuin?

6. Waarom is het belangrijk voor de auteur dat er veel kleuren in zijn tuin zijn?

7. Hoe brengt de auteur afwisseling in zijn tuin?

8. Hoe voelt de schrijver zich als hij in zijn tuin werkt?

9. Waardoor voelt de auteur zich verbonden als hij in zijn tuin is?

10. Waarom is elke dag in de tuin van de auteur een goede dag?

Πηγαίνοντας για ψώνια

Μου αρέσει να πηγαίνω για **ψώνια** στο εμπορικό κέντρο. Είναι πάντα πολύ διασκεδαστικό να περπατάς και να κοιτάς όλα τα διαφορετικά καταστήματα. Υπάρχει κάτι για όλους στο εμπορικό κέντρο, και είναι πάντα ένα εξαιρετικό μέρος για να βρεις προσφορές σε ρούχα, παπούτσια και αξεσουάρ. **Συνήθως** ξεκινάω το ταξίδι μου για ψώνια περπατώντας από την κεντρική **είσοδο** του εμπορικού κέντρου. Από εκεί, κατευθύνομαι πρώτα στα αγαπημένα μου καταστήματα. Αφού ρίξω μια ματιά σε αυτά τα καταστήματα, περπατάω τριγύρω και βλέπω αν υπάρχουν εκπτώσεις σε άλλα σημεία. Συνήθως καταλήγω να περνάω μερικές ώρες στο εμπορικό κέντρο πριν κάνω τελικά τις αγορές μου. Μου αρέσει πάντα να παίρνω το χρόνο μου όταν ψωνίζω, **γιατί** θέλω να είμαι σίγουρη ότι παίρνω **ακριβώς** αυτό που θέλω. Επιπλέον, είναι πιο διασκεδαστικό έτσι!

Το βρίσκω πάντα τόσο **συναρπαστικό** να παρατηρώ τον κόσμο όταν βρίσκομαι στο εμπορικό κέντρο. Μπορείς πραγματικά να καταλάβεις πολλά για έναν άνθρωπο από τον τρόπο που ψωνίζει. Μερικοί άνθρωποι είναι πολύ μεθοδικοί και παίρνουν το χρόνο τους, ενώ άλλοι φαίνεται να αρπάζουν **ό,τι** μπορούν και

Gaan winkelen

Ik hou ervan om te gaan **winkelen** in het
winkelcentrum. Het is altijd zo leuk om rond te lopen
en naar alle verschillende winkels te kijken. Er is
voor elk wat wils in het winkelcentrum, en het is altijd
een geweldige plek om deals te vinden voor kleren,
schoenen en accessoires. Ik begin mijn shoppingtrip
meestal met een wandeling door de **hoofdingang** van
het winkelcentrum. Van daaruit ga ik eerst naar mijn
favoriete winkels. Na het bekijken van die winkels,
loop ik rond en kijk of er een verkoop gaande is op
andere plaatsen. Meestal ben ik wel een paar uur in het
winkelcentrum voordat ik eindelijk mijn aankopen doe.
Ik neem altijd graag mijn tijd als ik ga winkelen, **want** ik
wil zeker weten dat ik **precies** krijg wat ik wil. Plus, het
is gewoon leuker op die manier!

Ik vind het altijd zo **fascinerend** om mensen te kijken
als ik in het winkelcentrum ben. Je kunt echt veel
over een persoon vertellen door de manier waarop ze
winkelen. Sommige mensen zijn heel methodisch en
nemen hun tijd, terwijl anderen gewoon lijken te grijpen
wat ze kunnen en zo snel mogelijk naar de kassa gaan.
Er zijn ook shoppers die meer geïnteresseerd lijken

να κατευθύνονται στο ταμείο όσο πιο γρήγορα γίνεται. Υπάρχουν επίσης και εκείνοι οι αγοραστές που φαίνεται να ενδιαφέρονται περισσότερο να μιλούν στο κινητό τους ή να στέλνουν μηνύματα παρά να κοιτάζουν τα εμπορεύματα! Ανεξάρτητα από το είδος του αγοραστή που είστε, όμως, όλοι φαίνεται να απολαμβάνουν τις αγορές από τις βιτρίνες - ακόμη και αν δεν αγοράζουν τίποτα. Υπάρχει κάτι που με κάνει ευτυχισμένη όταν κοιτάζω όλα τα όμορφα πράγματα στις **βιτρίνες των** καταστημάτων. Μερικές φορές φαντάζομαι πώς θα ήταν αν μπορούσα να αγοράσω **όλα όσα** βλέπω! Εν κατακλείδι, το να περνάω μια μέρα για ψώνια στο εμπορικό κέντρο είναι μια από τις αγαπημένες μου ασχολίες. Είναι ένας πολύ καλός τρόπος για να χαλαρώσετε και να ξεκουραστείτε, ενώ παράλληλα γυμνάζεστε και λίγο (αν περπατάτε αρκετά). Επιπλέον, είναι **πάντα** ωραίο να κάνεις δώρο στον εαυτό σου ένα νέο πουκάμισο ή ένα ζευγάρι παπούτσια κάθε τόσο!

Είχα μια **κουραστική** μέρα στη δουλειά και επιτέλους είχα λίγο χρόνο για τον εαυτό μου, οπότε αποφάσισα να πάω για ψώνια στο εμπορικό κέντρο. Χρειαζόμουν μερικά νέα ρούχα για την **επερχόμενη** σεζόν. Μόλις μπήκα μέσα, είδα όλα τα λαμπερά φώτα και τις γυαλιστερές βιτρίνες των καταστημάτων. Κατευθύνθηκα πρώτα στο αγαπημένο μου κατάστημα και άρχισα να περιηγούμαι στα ράφια. Βρήκα μερικά χαριτωμένα μπλουζάκια και τα δοκίμασα στο δοκιμαστήριο.

te zijn in het praten op hun mobieltje of in sms'en dan in het bekijken van de koopwaar! Het maakt echter niet uit wat voor soort shopper je bent, iedereen lijkt te genieten van window shopping - zelfs als je niet echt iets koopt. Er is gewoon iets aan het kijken naar al die mooie dingen in de **etalages** dat me gelukkig maakt. Soms fantaseer ik over hoe het zou zijn als ik me **alles** kon veroorloven wat ik zie! Al met al is een dagje winkelen in het winkelcentrum een van mijn favoriete bezigheden. Het is een geweldige manier om te ontspannen en tot rust te komen, terwijl je ook een beetje beweging krijgt (als je maar genoeg rondloopt). Bovendien is het **altijd** leuk om jezelf af en toe te trakteren op een nieuw shirt of een paar schoenen!

Ik had een **lange** dag op het werk en had eindelijk wat tijd voor mezelf, dus besloot ik te gaan winkelen in het winkelcentrum. Ik had wat nieuwe kleren nodig voor het **komende** seizoen. Zodra ik binnenkwam, zag ik al die felle lichten en glimmende etalages. Ik ging eerst naar mijn favoriete winkel en begon door de rekken te snuffelen. Ik vond een paar leuke topjes en paste ze in de kleedkamer.

Ερωτήσεις κατανόησης

1. Πού σας αρέσει να αποθηκεύετε περισσότερο;

2. Ποιο είναι το αγαπημένο σας κατάστημα στο εμπορικό κέντρο;

3. Πόση ώρα μένετε συνήθως στο εμπορικό κέντρο;

4. Τι πιστεύετε για τους ανθρώπους που περνούν πολύ χρόνο στο εμπορικό κέντρο;

5. Ποιο είναι το αγαπημένο σας πράγμα που κάνετε στο εμπορικό κέντρο;

6. Έχετε αγοράσει ποτέ κάτι στο εμπορικό κέντρο ενώ δεν το χρειαζόσασταν πραγματικά;

7. Πώς αντιδράτε όταν βλέπετε στο εμπορικό κέντρο κάτι που θα σας άρεσε πολύ, αλλά είναι πολύ ακριβό;

8. Έχετε δει ποτέ κάτι στο εμπορικό κέντρο και αναρωτηθήκατε ποιος θα το αγόραζε;

9. Ποια είναι η γνώμη σας για τους ανθρώπους που είναι απασχολημένοι με τα κινητά τους τηλέφωνα στο εμπορικό κέντρο αντί να κοιτάζουν τα καταστήματα;

Begrip vragen

1. Waar sla je het liefst op?

2. Wat is je favoriete winkel in het winkelcentrum?

3. Hoe lang blijft u meestal in het winkelcentrum?

4. Wat vind je van mensen die veel tijd in het winkelcentrum doorbrengen?

5. Wat is uw favoriete bezigheid in het winkelcentrum?

6. Heb je ooit iets gekocht in het winkelcentrum terwijl je het niet echt nodig had?

7. Hoe reageert u als u in het winkelcentrum iets ziet dat u heel graag zou willen hebben, maar dat te duur is?

8. Heb je ooit iets in het winkelcentrum gezien en je afgevraagd wie het zou kopen?

9. Wat vindt u van mensen die in het winkelcentrum met hun mobieltje bezig zijn in plaats van naar de winkels te kijken?

Στην αγορά

Ξυπνάω νωρίς το πρωί του Σαββάτου, ανυπομονώντας να πάω στην **αγορά** πριν γίνει πολύς κόσμος. Φοράω μερικά ρούχα και βγαίνω από την πόρτα, παίρνοντας τις επαναχρησιμοποιούμενες τσάντες μου στο δρόμο. Καθώς περπατάω, αρχίζω να σχεδιάζω τι θέλω να φτιάξω για την εβδομάδα που έρχεται. Ξέρω ότι θέλω να **ψήσω** λαχανικά τουλάχιστον μία φορά, οπότε θα πρέπει να αγοράσω λαχανικά καλής ποιότητας. Θέλω επίσης να φτιάξω μια σούπα ή ένα στιφάδο, οπότε θα πρέπει να πάρω και κρέας. Θα πρέπει να δω τι φαίνεται καλό όταν φτάσω εκεί. Η αγορά είναι μόνο μερικά τετράγωνα μακριά, και μπορώ ήδη να δω τους πάγκους που έχουν στηθεί και τον **κόσμο που** κυκλοφορεί.

Φτάνω στην αγορά και κατευθύνομαι κατευθείαν στον πάγκο με τα λαχανικά. Η ποικιλία είναι πανέμορφη και γεμίζω τις σακούλες μου με μια ποικιλία **φρέσκων** προϊόντων. Κουβεντιάζω για λίγο με τον αγρότη και μου προτείνει μερικές συνταγές. Είμαι ενθουσιασμένη να τις δοκιμάσω. Κουβεντιάζω με τους **αγρότες** καθώς ψωνίζω, γνωρίζοντας τους ίδιους και τα προϊόντα τους. Αφού έχω όλα τα λαχανικά που χρειάζομαι, προχωρώ στο τμήμα κρέατος. Εδώ είμαι λίγο πιο διστακτική, καθώς δεν είμαι σίγουρη για το τι θέλω να πάρω. Τελικά αποφασίζω για το κοτόπουλο, επειδή είναι ευέλικτο

Op de markt

Ik sta op zaterdagochtend vroeg op, popelend om naar de **markt te gaan** voordat het te druk wordt. Ik trek wat kleren aan en ga de deur uit, terwijl ik onderweg mijn herbruikbare tassen pak. Terwijl ik loop, begin ik te plannen wat ik de komende week wil maken. Ik weet dat ik minstens één keer groenten wil **roosteren**, dus ik moet wat groenten van goede kwaliteit kopen. Ik wil ook een soep of stoofpot maken, dus ik moet ook wat vlees kopen. Ik zal moeten kijken wat er goed uitziet als ik daar ben. De markt is maar een paar straten verderop, en ik zie de kraampjes al staan en de **mensen al rondlopen**.

Ik kom aan op de markt en ga meteen naar de groentekraam. Het aanbod is prachtig en ik vul mijn tassen met een verscheidenheid aan **verse** producten. Ik maak een praatje met de boer en hij raadt me een paar recepten aan. Ik ben enthousiast om ze uit te proberen. Ik maak een praatje met de **boeren** terwijl ik aan het winkelen ben en leer hen en hun producten kennen. Als ik alle groenten heb die ik nodig heb, ga ik naar de vleesafdeling. Ik aarzel een beetje, omdat ik niet zeker weet wat ik wil hebben. Uiteindelijk kies ik voor kip, omdat dat veelzijdig is en in allerlei gerechten kan worden gebruikt. Ik koop

και μπορεί να χρησιμοποιηθεί σε διάφορα πιάτα. Αγοράζω επίσης μερικά διαφορετικά κομμάτια κρέατος, φροντίζοντας να πάρω βοδινό κρέας από βοσκή χόρτου και **κοτόπουλο** ελευθέρας βοσκής. Ο χασάπης ήταν ένας φιλικός άνθρωπος, πάντα χαρούμενος παρά τις πολλές ώρες που δούλευε. Τύλιξε τα στήθη κοτόπουλου και τη μπριζόλα μου πριν μου μιλήσει για τα σχέδια του Σαββατοκύριακου. Τον αποχαιρέτησα και συνέχισα το δρόμο μου. Πήρα επίσης μερικά αυγά και τυρί από το τμήμα γαλακτοκομικών προϊόντων.

Η αγορά έσφυζε από κόσμο, όλοι τους ανυπόμονοι να πάρουν στα **χέρια** τους τα φρέσκα προϊόντα και το κρέας που προσφέρονταν. Ο αέρας μύριζε σκόρδο και κρεμμύδια και ο ήχος από τα γέλια και τις συζητήσεις γέμιζε τον αέρα. Περνούσα μέσα από το πλήθος, διαλέγοντας τα υπόλοιπα είδη που χρειαζόμουν για το εβδομαδιαίο μου ψώνιο. Γέμισα το **καλάθι** μου με φρούτα και λαχανικά, ζυμαρικά και ψωμί, πριν κατευθυνθώ προς το ταμείο. Η ουρά ήταν μεγάλη, αλλά προχωρούσε γρήγορα. Τελικά, τα τελευταία **ψώνια** είχαν αγοραστεί και ήταν ώρα να πάω σπίτι. Το αυτοκίνητο φορτώθηκε, και η διαδρομή μέχρι το σπίτι ήταν μακρά και κουραστική. Η κίνηση ήταν έντονη και η ζέστη καταπιεστική. Τελικά, το αυτοκίνητο μπήκε στο δρόμο και η ανακούφιση ήταν αισθητή. Το σπίτι ήταν δροσερό και ήσυχο, και ήταν ένα καταφύγιο μετά τη **φασαρία** της αγοράς.

ook een paar verschillende stukken vlees, en zorg ervoor dat ik grasgevoerd rundvlees en **scharrelkip koop**. De slager was een vriendelijke man, altijd vrolijk ondanks de lange uren die hij werkte. Hij pakte mijn kippenborst en biefstuk in voordat hij met me praatte over zijn weekendplannen. Ik nam afscheid van hem en vervolgde mijn weg. Ik heb ook nog wat eieren en kaas meegenomen uit de zuivelafdeling.

Het krioelde van de mensen op de markt, die allemaal stonden te popelen om de verse producten en het vlees dat werd aangeboden in **handen te** krijgen. De lucht hing vol met de geur van knoflook en uien, en het geluid van gelach en gesprekken vulde de lucht. Ik baande me een weg door de menigte en zocht de andere dingen uit die ik nodig had voor mijn wekelijkse boodschappen. Ik vulde mijn **mandje** met fruit en groenten, pasta en brood, voordat ik naar de kassa ging. De rij was lang, maar het ging snel. Eindelijk waren de laatste **boodschappen** gedaan, en was het tijd om naar huis te gaan. De auto werd volgeladen, en de rit naar huis was lang en moeizaam. Het verkeer was druk en de hitte was drukkend. Eindelijk reed de auto de oprit op en de opluchting was voelbaar. Het huis was koel en stil, en het was een oase na de drukte van de markt.

Ερωτήσεις κατανόησης

1. Πού πηγαίνει το άτομο;

2. Τι θέλει να αγοράσει το άτομο;

3. Πόσες τσάντες έχει το άτομο;

4. Πόσο μακριά είναι η αγορά;

5. Τι κάνει το άτομο αυτή τη στιγμή;

6. Τι είναι τα πάντα στην αγορά;

7. Πόσοι άνθρωποι βρίσκονται στην αγορά;

8. Πόσο καιρό χρειάστηκε το άτομο για να αγοράσει τα πάντα;

9. Πώς πήγε το άτομο στο σπίτι του;

10. Τι έκανε το άτομο όταν έφτασε στο σπίτι;

Begrip vragen

1. Waar gaat de persoon heen?

2. Wat wil de persoon kopen?

3. Hoeveel tassen heeft de persoon?

4. Hoe ver weg is de markt?

5. Wat doet de persoon op dit moment?

6. Wat is alles op de markt?

7. Hoeveel mensen zijn er op de markt?

8. Hoe lang heeft de persoon erover gedaan om alles te kopen?

9. Hoe is de persoon naar huis gegaan?

10. Wat deed de persoon toen hij of zij thuiskwam?

Σε μια καφετέρια

Ήταν ένα ψυχρό **φθινοπωρινό** πρωινό και είχα κανονίσει να συναντήσω τη φίλη μου τη Lily στην αγαπημένη μας καφετέρια για έναν καφέ. Τυλίχτηκα ζεστά με το παλτό και το κασκόλ μου και ξεκίνησα. Τα φύλλα έπεφταν από τα δέντρα και ο αέρας είχε ένα τσίμπημα, αλλά ο ήλιος έλαμπε και υποσχόταν να είναι μια όμορφη μέρα. Καθώς περπατούσα, **σκεφτόμουν** πόσο καλό ήταν να έχω μια φίλη σαν τη Λίλι. Ήμασταν φίλες εδώ και χρόνια, από τότε που γνωριστήκαμε στο **πανεπιστήμιο**. Μας έδεσε η αγάπη μας για τον καφέ και το να περνάμε χρόνο συζητώντας σε καφετέριες. Παρόλο που πλέον ζούσαμε σε διαφορετικά μέρη της πόλης, εξακολουθούσαμε να συναντιόμαστε για καφέ μια φορά την εβδομάδα. Έφτασα στην καφετέρια και η Lily ήταν ήδη εκεί και με περίμενε. Αγκαλιαστήκαμε για να χαιρετηθούμε και στη συνέχεια παραγγείλαμε τους καφέδες μας. Βρήκαμε ένα τραπέζι δίπλα στο παράθυρο και καθίσαμε να κουβεντιάσουμε. Ο **καφές** ήταν πεντανόστιμος, όπως πάντα, και ήταν τόσο ωραίο να τα λέμε με τη Λίλι. Μιλήσαμε για την εβδομάδα μας, τις δουλειές μας και τα σχέδιά μας για το μέλλον. Ήταν πάντα τόσο εύκολο να μιλάς στη Λίλι και ένιωθα ότι μπορούσα να της πω τα πάντα. Μετά από λίγο, αρχίσαμε να πεινάμε και **αποφασίσαμε** να παραγγείλουμε φαγητό.

In een café

Het was een kille **herfstochtend** en ik had met mijn vriendin Lily afgesproken in ons favoriete café voor een kopje koffie. Ik wikkelde me warm in mijn jas en sjaal en ging op weg. De bladeren vielen van de bomen en de lucht was een beetje fris, maar de zon scheen en het beloofde een mooie dag te worden. Terwijl ik liep, **dacht** ik aan hoe goed het was om een vriendin als Lily te hebben. We waren al jaren vriendinnen, sinds we elkaar op de **universiteit** ontmoetten. We kregen een band door onze voorliefde voor koffie en het kletsen in cafés. Ook al woonden we nu in verschillende delen van de stad, we kwamen nog steeds één keer per week samen om koffie te drinken. Ik kwam aan bij het café, en Lily zat daar al op me te wachten. We omhelsden elkaar en bestelden onze koffie. We vonden een tafeltje bij het raam en gingen zitten kletsen. De **koffie** was heerlijk, zoals altijd, en het was zo leuk om bij te praten met Lily. We spraken over onze week, onze banen, en onze plannen voor de toekomst. Het was altijd zo makkelijk om met Lily te praten, en ik had het gevoel dat ik haar alles kon vertellen. Na een tijdje begonnen we honger te krijgen en **besloten we** wat eten te bestellen.

We **bestelden** ons eten en zochten een plaatsje bij het raam. De zon scheen door het raam naar binnen,

Παραγγείλαμε το φαγητό μας και βρήκαμε θέση
δίπλα στο παράθυρο. Ο ήλιος έμπαινε μέσα από το
παράθυρο, κάνοντας τα πάντα να μοιάζουν ζεστά
και χαρούμενα. Συζητούσαμε καθώς τρώγαμε το
φαγητό μας, απολαμβάνοντας την απλή ευχαρίστηση
της **παρέας του** άλλου. Η καφετέρια ήταν γεμάτη,
αλλά δεν αισθανόμασταν συνωστισμό. Υπήρχε μια
αίσθηση ειρήνης και ικανοποίησης στον αέρα. Καθώς
τελειώναμε το φαγητό μας, καθίσαμε για λίγο ακόμα,
απολαμβάνοντας την ειρηνική **ατμόσφαιρα**. Μιλήσαμε
για λίγο για διάφορα πράγματα που συνέβαιναν στη
ζωή μας. Ήταν τόσο ωραίο να τα λέμε με τη φίλη μου
και να **χαλαρώνουμε**. Ο ήλιος έλαμπε μέσα από το
παράθυρο και ένιωθα ότι **τίποτα δεν** μπορούσε να
χαλάσει την τέλεια μέρα μας.

Ξαφνικά, άκουσα έναν δυνατό κρότο. Γύρισα και είδα
ότι ένας άνδρας είχε πέσει από το ταβάνι και βρισκόταν
στο πάτωμα μπροστά μας. Ήταν **καλυμμένος** με σκόνη
και συντρίμμια και φαινόταν να είναι αναίσθητος. Ο
φίλος μου και εγώ ήμασταν και οι δύο σε κατάσταση
σοκ καθώς κοιτούσαμε τον άνδρα που βρισκόταν
στο πάτωμα. Δεν ξέραμε τι να κάνουμε ή ποιον να
καλέσουμε για βοήθεια. Απλά καθόμασταν εκεί και τον
κοιτούσαμε, χωρίς να ξέρουμε τι να κάνουμε. Μετά από
λίγα λεπτά, συνήλθα και κάλεσα το 100. Ο τηλεφωνητής
μου είπε ότι κάποιος θα ερχόταν σύντομα.

waardoor alles warm en gelukkig aanvoelde. We babbelden terwijl we ons eten aten, en genoten van het simpele plezier om in elkaars **gezelschap** te zijn. Het was druk in het café, maar het voelde niet druk aan. Er hing een gevoel van vrede en tevredenheid in de lucht. Toen we ons eten op hadden, bleven we nog een tijdje zitten, genietend van de vredige **sfeer**. We praatten een tijdje over verschillende dingen die in ons leven waren gebeurd. Het was zo fijn om bij te praten met mijn vriend en gewoon **te ontspannen**. De zon scheen door het raam, en het voelde alsof **niets** onze perfecte dag kon verpesten.

Plotseling hoorde ik een harde klap. Ik draaide me om en zag dat een man door het plafond was gevallen en voor ons op de grond lag. Hij was **bedekt** met stof en puin en leek bewusteloos te zijn. Mijn vriend en ik waren allebei in shock toen we naar de man staarden die op de grond lag. We wisten niet wat we moesten doen of wie we moesten bellen voor hulp. We zaten daar gewoon naar hem te staren, niet wetend wat te doen. Na een paar minuten kwam ik bij en belde 911. De telefoniste zei me dat er zo iemand zou komen.

Ερωτήσεις κατανόησης

1. Από πού προέρχεται ο άνθρωπος που πέφτει από την οροφή;

2. Γιατί βρίσκεται η γυναίκα με τη φίλη της στο καφενείο;

3. Ποιο είναι το αγαπημένο καφέ των δύο φίλων;

4. Πόσο καιρό γνωρίζονται οι δύο φίλοι;

5. Ποιο είναι το αγαπημένο ποτό των δύο φίλων;

6. Σε ποια πόλη ζουν οι δύο φίλοι;

7. Πόσο συχνά συναντιούνται οι δύο φίλοι;

8. Τι συζητούν οι δύο φίλοι όταν συναντιούνται για πρώτη φορά στο αγαπημένο τους καφέ;

9. Ποιο είναι το αγαπημένο φαγητό των δύο φίλων;

10. Γιατί είναι τόσο εύκολο να μιλάς στη Λίλι;

Begrip vragen

1. Waar komt de man vandaan die door het dak valt?

2. Waarom is de vrouw met haar vriendin in het café?

3. Wat is het favoriete café van de twee vrienden?

4. Hoe lang kennen de twee vrienden elkaar al?

5. Wat is het favoriete drankje van de twee vrienden?

6. In welke stad wonen de twee vrienden?

7. Hoe vaak ontmoeten de twee vrienden elkaar?

8. Waar hebben de twee vrienden het over als ze elkaar voor het eerst ontmoeten in hun favoriete café?

9. Wat is het lievelingseten van de twee vrienden?

10. Waarom is het zo makkelijk om met Lily te praten?

Πηγαίνοντας για κολύμπι

Η πισίνα ήταν πάντα ένα **αναζωογονητικό** μέρος, και σήμερα δεν ήταν διαφορετικό. Ο ήλιος έλαμπε και το νερό φαινόταν φιλόξενο. Πήρα μια βαθιά ανάσα και βούτηξα μέσα, νιώθοντας τη δροσερή αγκαλιά του νερού. Κολύμπησα για λίγο, απολαμβάνοντας την άσκηση και την ευκαιρία να καθαρίσει το μυαλό μου. Μετά από λίγο, βγήκα έξω και στεγνώθηκα, και στη συνέχεια κάθισα σε μια πετσέτα για να χαλαρώσω στον ήλιο. Έκλεισα τα μάτια μου και άφησα τη **ζεστασιά να** με πλημμυρίσει, νιώθοντας τους μυς μου να αρχίζουν να χαλαρώνουν. Ξαφνικά, άκουσα έναν παφλασμό και άνοιξα τα μάτια μου για να δω τη μικρή μου αδελφή **να κωπηλατεί στο** ρηχό μέρος. Χαμογέλασα και την παρακολούθησα για λίγο, μετά σηκώθηκα και πήγα κοντά της. Κουβεντιάσαμε για λίγο και κωπηλατήσαμε μαζί, απολαμβάνοντας ο ένας την παρέα του άλλου. Σύντομα ήρθαν και οι γονείς μας και περάσαμε το υπόλοιπο απόγευμα κολυμπώντας και παίζοντας παιχνίδια μαζί. Ήταν πάντα πολύ ωραίο να περνάμε χρόνο με την οικογένεια στην πισίνα. Υπάρχει **κάτι στο** να είσαι μέσα στο νερό που φαίνεται να φέρνει τους ανθρώπους κοντά. Ίσως επειδή είμαστε όλοι ίσοι όταν είμαστε στο νερό - δεν μπορούμε να κρύψουμε

Gaan zwemmen

Het zwembad was altijd een **verfrissende** plek om te zijn, en vandaag was dat niet anders. De zon scheen en het water zag er uitnodigend uit. Ik haalde diep adem en dook erin, de koele omhelzing van het water voelend. Ik zwom een tijdje baantjes, genoot van de beweging en de kans om mijn hoofd leeg te maken. Na een tijdje kwam ik eruit en droogde me af, waarna ik op een handdoek ging zitten om te relaxen in de zon. Ik sloot mijn ogen en liet de **warmte** over me heen spoelen, ik voelde mijn spieren ontspannen. Plotseling hoorde ik een plons en ik opende mijn ogen om mijn kleine zusje te zien **poedelen** in het ondiepe gedeelte. Ik glimlachte en keek een tijdje naar haar, stond toen op en liep naar haar toe. We kletsten wat en peddelden samen wat rond, genietend van elkaars gezelschap. Al snel kwamen onze ouders erbij, en we brachten de rest van de middag zwemmend en spelend door. Het was altijd zo leuk om tijd met de familie in het zwembad door te brengen. Er is **iets** met in het water zijn dat mensen samenbrengt. Misschien is het omdat we allemaal gelijk zijn als we in het water zijn - we kunnen onze gebreken niet verbergen of doen alsof we iets zijn wat we niet zijn. Of misschien is het gewoon omdat het leuk is! **Wat**

τα ελαττώματά μας ή να προσποιηθούμε ότι είμαστε κάτι που δεν είμαστε. Ή ίσως είναι απλά επειδή έχει πλάκα! **Όποιος κι αν είναι** ο λόγος, απλά χάρηκα που μπορέσαμε να βρεθούμε όλοι μαζί και να απολαύσουμε ο ένας την παρέα του άλλου σε ένα τόσο ξεχωριστό μέρος.

Ο ήλιος χτυπούσε το δέρμα μου και η μυρωδιά του χλωρίου βρισκόταν στον αέρα. Άκουγα τους ήχους των παιδιών που γελούσαν και πλατσούριζαν στην πισίνα. Ήμουν ξαπλωμένη σε μια ξαπλώστρα δίπλα στην πισίνα, απολαμβάνοντας τον ήλιο και **απολαμβάνοντας** τη μέρα. Είχα κλείσει τα μάτια μου και ήμουν έτοιμη να πέσω για ύπνο όταν άκουσα κάποιον να με πλησιάζει. Άνοιξα τα μάτια μου και είδα μια γυναίκα να στέκεται δίπλα μου. Φορούσε μπικίνι και είχε τυλίξει μια πετσέτα γύρω από τη μέση της. Είχε μακριά ξανθά μαλλιά και μπλε μάτια. Κρατούσε ένα μπουκάλι **αντηλιακό** στο χέρι της. "Σε πειράζει να βάλω λίγο αντηλιακό στην πλάτη σου;" με ρώτησε. "Όχι, δεν πειράζει", είπα, καθισμένος ώστε να μπορεί να φτάσει στην πλάτη μου. Ένιωσα τα χέρια της στο δέρμα μου καθώς έβαζε το αντηλιακό.

de reden ook is, ik was gewoon blij dat we allemaal
bij elkaar konden komen en van elkaars gezelschap
konden genieten op zo'n speciale plek.

De zon scheen op mijn huid en de geur van chloor hing
in de lucht. Ik kon de geluiden horen van lachende
kinderen die in het zwembad spetterden. Ik lag op
een ligstoel naast het zwembad, te genieten van de
zon en **de** dag. Ik had mijn ogen gesloten en wilde
net in slaap vallen toen ik iemand naar me toe hoorde
lopen. Ik opende mijn ogen en zag een vrouw naast
me staan. Ze droeg een bikini en had een handdoek
om haar middel gewikkeld. Ze had lang blond haar en
blauwe ogen. Ze hield een fles **zonnebrandcrème** in
haar hand. "Vind je het erg als ik wat zonnebrandcrème
op je rug smeer?" vroeg ze. "Nee, dat hoeft niet," zei
ik, terwijl ik rechtop ging zitten zodat ze bij mijn rug
kon. Ik voelde haar handen op mijn huid terwijl ze de
zonnebrandcrème aanbracht.

Ερωτήσεις κατανόησης

1. Πού βρισκόταν ο αφηγητής όταν αρχίζει την ιστορία;

2. Τι μυρίζει ο αφηγητής όταν ανοίγει τα μάτια του;

3. Τι ακούει ο αφηγητής όταν ανοίγει τα μάτια του;

4. Ποιανού αντηλιακό δίνει η γυναίκα στον αφηγητή;

5. Τι ονειρεύεται ο αφηγητής;

6. Γιατί το κολύμπι στη θάλασσα είναι τόσο ξεχωριστό για τον αφηγητή;

7.Πώς αισθάνεται το νερό στο οποίο κολυμπάει ο αφηγητής;

8. Τι βλέπει ο αφηγητής όταν βγαίνει από το νερό;

9. Τι κάνει η γυναίκα αφού βάλει το αντηλιακό στον αφηγητή;

10. Τι συζητούν ο αφηγητής και η γυναίκα στο τέλος της ιστορίας;

Begrip vragen

1. Waar was de verteller toen hij het verhaal begon?

2. Wat ruikt de verteller als hij zijn ogen opent?

3. Wat hoort de verteller als hij zijn ogen opent?

4. Van wie is de zonnebrandcrème die de vrouw aan de verteller geeft?

5. Waar droomt de verteller over?

6. Waarom is zwemmen in de zee zo speciaal voor de verteller?

7. Hoe voelt het water aan waarin de verteller zwemt?

8. Wat ziet de verteller als hij uit het water komt?

9. Wat doet de vrouw nadat ze de verteller heeft ingesmeerd met zonnebrandcrème?

10. Waarover praten de verteller en de vrouw aan het eind van het verhaal?

Κούρεμα του γκαζόν

Είναι 10 το πρωί ενός καλοκαιρινού **Σαββάτου** και ο ήλιος ήδη χτυπάει ανελέητα. Βγαίνεις στο γκαράζ για να φέρεις τη μηχανή του γκαζόν, νιώθοντας ότι **καταδικάζεσαι** σε καταναγκαστική εργασία. Ξεκινάς να κουρεύεις το γκαζόν, φροντίζοντας να πηγαίνεις όμορφα και αργά για να μην χάσεις κανένα σημείο. Καθώς κουρεύεις, σκέφτεσαι πόσο ωραία είναι να είσαι έξω στον καθαρό αέρα. Καθώς αρχίζετε να σπρώχνετε το χλοοκοπτικό μπρος-πίσω στο γκαζόν, βλέπετε με την άκρη του **ματιού σας τον** γείτονά σας. Χαιρετάτε τον γείτονα και τον χαιρετάτε και αυτός σας χαιρετάει.

Μετά από λίγα λεπτά, τελειώνετε και πηγαίνετε στο σπίτι του γείτονά σας για να πιείτε μια μπύρα μαζί του στον κήπο. Είναι μια **τέλεια** μέρα - όχι πολύ ζεστή, με ένα απαλό αεράκι να φυσάει. Κάθεστε εκεί στη σκιά του δέντρου, πίνοντας την μπύρα σας και συζητώντας με τον γείτονά σας. Τέτοιες μέρες σε κάνουν να εκτιμάς το καλοκαίρι. Στη συνέχεια, **μπαίνετε** μέσα για μια μπύρα που σας αξίζει. Ξαπλώνεις σε μια καρέκλα στη βεράντα και ανοίγεις το κουτάκι, αφήνοντας έναν ικανοποιημένο αναστεναγμό. Ο ήχος του χλοοκοπτικού μηχανήματος περνάει στο παρασκήνιο καθώς χαλαρώνεις στη σκιά, απολαμβάνοντας την **ηρεμία της** στιγμής. Η μπύρα έχει

Het maaien van het gazon

Het is 10 uur 's ochtends op een zomerse **zaterdag**, en de zon schijnt al ongenadig. Je sjokt naar de garage om de grasmaaier te halen, met het gevoel dat je **veroordeeld bent** tot dwangarbeid. Je begint het gazon te maaien, en zorgt ervoor dat je het rustig aan doet, zodat je niets over het hoofd ziet. Terwijl je aan het maaien bent, denk je aan hoe goed het voelt om buiten in de frisse lucht te zijn. Terwijl u de maaier heen en weer over het gazon duwt, ziet u uw buurman vanuit uw **ooghoek**. Je zwaait en zegt hallo, en hij zwaait terug.

Na een paar minuten ben je klaar, en je gaat naar het huis van je buurman om met hem een biertje te drinken in de voortuin. Het is een **perfecte** dag - niet te warm, met een zacht briesje. Je zit daar in de schaduw van de boom, nipt van je biertje en kletst wat met je buurman. Het zijn dagen als deze die je de zomer doen waarderen. Dan **ga** je naar binnen voor een welverdiend biertje. Je ploft neer in een stoel op de veranda, trekt het blikje open en slaakt een tevreden zucht. Het geluid van de maaier verdwijnt naar de achtergrond terwijl je in de schaduw ontspant en geniet van de **rust** van het moment. Het bier smaakt extra goed na al dat harde werk in de hitte. Ik stond op het

πολύ καλή γεύση μετά από όλη αυτή τη σκληρή δουλειά στη ζέστη. Ήμουν έτοιμος να πάω μέσα, όταν άκουσα έναν θόρυβο δίπλα.

Ακουγόταν σαν κάποιος να έκλαιγε. Σταμάτησα να κουρεύω και πήγα στον φράχτη που χώριζε τις αυλές μας. Κοίταξα και είδα τη γειτόνισσά μου, την κυρία Τζόνσον, να κλαίει στην κούνια της βεράντας της. Της φώναξα, αλλά δεν με άκουσε. Σκαρφάλωσα πάνω από τον φράχτη και την πλησίασα. "Κυρία Τζόνσον, είστε καλά;" ρώτησα. Με κοίταξε με δάκρυα στα μάτια και κούνησε το κεφάλι της. "Όχι, δεν είμαι καλά", είπε. "Η γάτα μου πέθανε χθες". Σοκαρίστηκα. Δεν ήξερα τι να πω. Απλώς στεκόμουν εκεί αμήχανα, χωρίς να ξέρω τι να κάνω. Τελικά, έβαλα το χέρι μου στον **ώμο** της και της είπα: "Λυπάμαι πολύ, κυρία Τζόνσον. Αν υπάρχει κάτι που μπορώ να κάνω για να βοηθήσω, παρακαλώ ενημερώστε με. " Εκείνη κούνησε το κεφάλι της και είπε: "Όχι, δεν υπάρχει **τίποτα** που μπορεί να κάνει κανείς". Μετά σηκώθηκε και μπήκε μέσα στο σπίτι της. Στάθηκα εκεί για μια στιγμή, χωρίς να ξέρω τι να κάνω. Μετά επέστρεψα να κουρέψω το γκαζόν μου. Καθώς τελείωνα, δεν μπορούσα παρά να σκεφτώ την κυρία Τζόνσον και τη γάτα της.

punt om naar binnen te gaan toen ik een geluid hoorde bij de buren.

Het **klonk** alsof iemand huilde. Ik stopte met maaien en liep naar het hek dat onze tuinen scheidde. Ik keek om en zag mijn buurvrouw, mevrouw Johnson, huilen op haar schommelbank. Ik riep naar haar, maar ze hoorde me niet. Ik klom over het hek en liep naar haar toe. "Mevrouw Johnson, is alles goed met u?" vroeg ik. Ze keek met tranen in haar ogen naar me op en schudde haar hoofd. "Nee, het gaat niet goed met me," zei ze. "Mijn kat is gisteren gestorven." Ik was geschokt. Ik wist niet wat ik moest zeggen. Ik stond daar maar wat ongemakkelijk, niet wetend wat ik moest doen. Uiteindelijk legde ik mijn hand op haar **schouder** en zei: "Het spijt me zo, mevrouw Johnson. Als er iets is wat ik kan doen om te helpen, laat het me alsjeblieft weten. "Ze schudde haar hoofd en zei: Nee, er is **niets** dat iemand kan doen. Toen stond ze op en ging haar huis binnen. Ik stond daar een ogenblik, niet wetend wat te doen. Toen ging ik verder met het maaien van mijn gazon. Toen ik klaar was, moest ik denken aan mevrouw Johnson en haar kat.

Ερωτήσεις κατανόησης

1. Τι ώρα είναι;

2. Πού βρίσκεται το άτομο που κουρεύει;

3. Πώς αισθάνεται το άτομο;

4. Γιατί το άτομο πρέπει να κουρεύει αργά;

5. Τι καιρό έχουμε;

6. Τι κάνει το άτομο μετά το κούρεμα;

7. Τι ακούει το άτομο πριν πάει στο σπίτι του;

8. Ποιος είναι με την κα Τζόνσον;

9. Γιατί κλαίει η κυρία Τζόνσον;

10. Τι λέει το άτομο στην κυρία Τζόνσον;

Begrip vragen

1. Hoe laat is het?

2. Waar is de persoon aan het maaien?

3. Hoe voelt de persoon zich?

4. Waarom moet de persoon langzaam maaien?

5. Wat voor weer is het?

6. Wat doet de persoon na het maaien?

7. Wat hoort de persoon voordat hij naar huis gaat?

8. Wie is er bij Mrs Johnson?

9. Waarom huilt Mrs Johnson?

10. Wat zegt de persoon tegen Mrs. Johnson?

Κούρεμα

Ήθελα να κουρευτώ εδώ και εβδομάδες, αλλά πάντα κατάφερνα να το αναβάλλω. Αλλά με τα **Χριστούγεννα να είναι προ των πυλών**, ήξερα ότι δεν μπορούσα να το αναβάλλω άλλο. Δεν ήθελα να εμφανιστώ στο χριστουγεννιάτικο δείπνο της οικογένειάς μου σαν ένα ατημέλητο χάλι. Έτσι, νωρίς το πρωί των Χριστουγέννων, πήγα στο κομμωτήριο. Παρόλο που ήταν νωρίς, το κομμωτήριο ήταν ήδη απασχολημένο με άλλους ανθρώπους **που** έφτιαχναν τα μαλλιά τους για τις γιορτές. Πήρα τη θέση μου στην ουρά και περίμενα τη σειρά μου. Τελικά, ήρθε η σειρά μου στην καρέκλα. Η στιλίστρια, μια φιλική γυναίκα ονόματι Jill, με ρώτησε τι ήθελα. "Απλά ένα κούρεμα, τίποτα δραστικό", απάντησα. Η Τζιλ έπιασε δουλειά, κόβοντας τα μαλλιά μου. Καθώς δούλευε, άρχισα να χαλαρώνω. Ένιωθα ωραία που επιτέλους φρόντιζα τον εαυτό μου. Ήμουν τόσο απασχολημένη τον τελευταίο καιρό, τρέχοντας να φροντίζω όλους τους άλλους, που είχα αφήσει τις δικές μου ανάγκες να περάσουν στο περιθώριο. Αλλά όχι **πια**. Από τώρα και στο εξής, θα έβρισκα χρόνο για τον εαυτό μου.

Όταν η Τζιλ τελείωσε, κοίταξα στον καθρέφτη και έμεινα ευχαριστημένη με αυτό που είδα. Τα μαλλιά μου έδειχναν τακτοποιημένα και γυαλισμένα - τέλεια για τις

Naar de kapper

Ik wilde al weken naar de kapper, maar op de een of andere manier kon ik het steeds uitstellen. Maar met **Kerstmis voor de deur**, wist ik dat ik het niet langer kon uitstellen. Ik wilde niet op het kerstdiner van mijn familie verschijnen als een smerige puinhoop. Dus, vroeg op kerstochtend, ging ik naar de salon. Hoewel het nog vroeg was, was de salon al druk bezig met andere mensen **die** hun haar lieten doen voor de feestdagen. Ik nam plaats in de rij en wachtte op mijn beurt. Eindelijk was het mijn beurt in de stoel. De styliste, een vriendelijke vrouw die Jill heette, vroeg me wat ik wilde. "Gewoon een knipbeurt, niets te drastisch," antwoordde ik. Jill ging aan de slag en knipte mijn haar weg. Terwijl ze werkte, begon ik te ontspannen. Het voelde goed om eindelijk voor mezelf te zorgen. Ik had het de laatste tijd zo druk gehad met voor iedereen te zorgen, dat ik mijn eigen behoeften aan de kant had laten liggen. Maar **nu** niet **meer**. Van nu af aan, zou ik tijd voor mezelf maken.

Toen Jill klaar was, keek ik in de spiegel en was blij met wat ik zag. Mijn haar zag er netjes en gepolijst uit-perfect voor vakantie bijeenkomsten. Ik **bedankte** Jill en maakte een notitie om vaker terug te komen. Van nu af aan zal ik in de eerste plaats voor mezelf

γιορτινές συγκεντρώσεις. **Ευχαρίστησα** την Τζιλ και σημείωσα στο **μυαλό μου** να έρχομαι πιο συχνά. Από τώρα και στο εξής, θα φροντίζω πρώτα απ' όλα τον εαυτό μου. Έπιασε δουλειά κόβοντας τα μαλλιά μου. Σκέφτηκα πόσο ευγνώμων ήμουν που επιτέλους είχα καταφέρει να κουρευτώ. Ένιωθα καλά που ήξερα ότι θα ήμουν ευπαρουσίαστη για το χριστουγεννιάτικο **δείπνο**. Δεν θα χρειαζόταν πλέον να ανησυχώ για την οικογένειά μου που θα με πείραζε για την "ατημέλητη" εμφάνισή μου. Μετά από λίγα λεπτά, ο κομμωτής τελείωσε με το κούρεμα των μαλλιών μου και μου έκανε ένα γρήγορο πιστολάκι. Κοίταξα στον καθρέφτη και ήμουν ευχαριστημένη με αυτό που είδα - μια καθαρή εμφάνιση που θα ήταν τέλεια για το χριστουγεννιάτικο δείπνο. Τώρα που το κούρεμά μου είχε τελειώσει, μπορούσα να επικεντρωθώ στο να απολαύσω τις γιορτές με την οικογένειά μου. Και ήμουν ακόμα πιο ευγνώμων γι' αυτό.

Ένιωσα τόσο **απελευθερωμένη** και μου άρεσε πολύ το νέο μου κούρεμα. Αφού πλήρωσα για το κούρεμά μου, πήγα σπίτι και άρχισα να μαζεύω τα πράγματά μου για το ταξίδι μου. Ανυπομονούσα να επιδείξω το νέο μου λουκ στην οικογένεια και τους φίλους μου. Ήξερα ότι θα εκπλαγούν όταν με δουν. Την ημέρα της πτήσης μου, έφτασα στο αεροδρόμιο με αρκετό χρόνο στη διάθεσή μου. Πέρασα από τον έλεγχο ασφαλείας χωρίς κανένα πρόβλημα και σύντομα ξεκίνησα το ταξίδι μου.

zorgen. Ze begon aan mijn haar te knippen. Ik dacht
eraan hoe dankbaar ik was dat ik er eindelijk aan
toe was gekomen om mijn haar te laten knippen. Het
voelde goed om te weten dat ik er toonbaar uit zou zien
voor **het kerstdiner**. Ik hoefde me geen zorgen meer
te maken dat mijn familie me zou plagen over mijn
"smerige" uiterlijk. Na een paar minuten was de styliste
klaar met het knippen van mijn haar en föhnde ze me
snel. Ik keek in de spiegel en was blij met wat ik zag:
een strak geknipt kapsel dat perfect zou zijn voor het
kerstdiner. Nu mijn kapsel achter de rug was, kon ik me
concentreren op de feestdagen met mijn gezin. En daar
was ik nog dankbaarder voor.

Het voelde zo **bevrijdend**, en ik hield van de manier
waarop mijn nieuwe kapsel eruit zag. Nadat ik voor mijn
kapsel had betaald, ging ik naar huis en begon ik in
te pakken voor mijn reis. Ik **kon niet** wachten om mijn
nieuwe look aan mijn familie en vrienden te tonen. Ik
wist dat ze verrast zouden zijn als ze me zouden zien.
Op de dag van mijn vlucht kwam ik ruim op tijd aan
op de luchthaven. Ik ging zonder problemen door de
beveiliging en al snel was ik op weg.

Ερωτήσεις κατανόησης

1. Τι έπρεπε να κάνει ο πρωταγωνιστής πριν από τα Χριστούγεννα;

2. Πώς ένιωθε η πρωταγωνίστρια για τη φροντίδα του εαυτού της;

3. Ποιος κούρευε τα μαλλιά του πρωταγωνιστή;

4. Γιατί η οικογένεια της πρωταγωνίστριας θα την πείραζε;

5. Πώς αισθάνθηκε η πρωταγωνίστρια μετά το κούρεμά της;

6. Τι έκανε η πρωταγωνίστρια αφού κουρεύτηκε;

7. Ποια ήταν η αντίδραση της οικογένειας της πρωταγωνίστριας στο κούρεμά της;

8. Τι έκανε ο πρωταγωνιστής την παραμονή των Χριστουγέννων;

9. Τι έκανε την εμπειρία του πρωταγωνιστή πιο ξεχωριστή;

10. Τι θα συνέβαινε αν ο πρωταγωνιστής δεν κουρευόταν;

Begrip vragen

1. Wat moest de hoofdpersoon doen voor Kerstmis?

2. Hoe vond de hoofdpersoon het om voor zichzelf te zorgen?

3. Wie heeft het haar van de hoofdpersoon geknipt?

4. Waarom ging de familie van de hoofdpersoon haar plagen?

5. Hoe voelde de hoofdpersoon zich nadat ze naar de kapper was geweest?

6. Wat heeft de hoofdpersoon gedaan nadat ze naar de kapper is geweest?

7. Wat was de reactie van de familie van de hoofdpersoon op haar kapsel?

8. Wat deed de hoofdpersoon op kerstavond?

9. Wat maakte de ervaring van de hoofdpersoon specialer?

10. Wat zou er gebeuren als de hoofdpersoon niet naar de kapper zou gaan?

Το πάρκο

Ο ήλιος έδυε και το πάρκο ήταν άδειο. Κάθισα στο παγκάκι, περιμένοντας τον **φίλο μου**. Είχαμε κανονίσει να συναντηθούμε εδώ πριν από μια ώρα, αλλά πάντα αργούσε. Εκεί που ήμουν έτοιμος να τα παρατήσω και να πάω σπίτι, την είδα να τρέχει προς το μέρος μου. "Λυπάμαι πολύ", ασθμαίνοντας έφτασε στον πάγκο. "Το τρένο μου **καθυστέρησε**". "Δεν πειράζει", είπα **με συγχώρεση**. "Μόλις έφτασα εδώ". Καθίσαμε και συζητήσαμε για λίγο, ενημερώνοντας ο ένας τη ζωή του άλλου από την τελευταία φορά που συναντηθήκαμε. Η συζήτηση κύλησε **εύκολα** και ήταν σαν να μην είχε περάσει καθόλου χρόνος από την τελευταία φορά που ειδωθήκαμε. Καθώς έδυε ο ήλιος, αποχαιρετιστήκαμε και πήραμε τους δρόμους μας. Την επόμενη φορά που συναντηθήκαμε, ήταν σε ένα διαφορετικό πάρκο. Και πάλι, είχε αργήσει, αλλά δεν με πείραξε. Ήταν ωραίο να έχω κάποιον να μιλήσω που με **καταλάβαινε.** Μιλήσαμε για τα όνειρα και τις **φιλοδοξίες** μας, για πράγματα που θέλαμε να κάνουμε στη ζωή μας. Εκείνη μου είπε για τα σχέδιά της να ταξιδέψει στον κόσμο και εγώ μοιράστηκα το όνειρό μου να γίνω συγγραφέας. Καθώς ο ήλιος έδυε σε μια άλλη μέρα, αποχαιρετιστήκαμε για άλλη μια φορά, υποσχόμενοι να κρατήσουμε επαφή αυτή τη φορά.

Het park

De zon ging onder, en het park was leeg. Ik zat op het bankje te wachten op mijn **vriendin**. We hadden hier al een uur geleden afgesproken, maar ze was altijd te laat. Net toen ik het wilde opgeven en naar huis wilde gaan, zag ik haar naar me toe rennen. "Het spijt me zo," hijgde ze toen ze de bank bereikte. "Mijn trein **had vertraging**." "Het is goed," zei ik **vergevingsgezind**. "Ik ben hier net zelf." We gingen zitten en praatten een poosje, praatten bij over elkaars leven sinds we elkaar voor het laatst zagen. Het gesprek verliep **vlot**, en het leek alsof er helemaal geen tijd was verstreken sinds we elkaar voor het laatst hadden gezien. Toen de zon onderging, namen we afscheid en gingen onze eigen weg. De volgende keer dat we elkaar zagen, was in een ander park. Weer was ze te laat, maar dat vond ik niet erg. Het was fijn om iemand te hebben om mee te praten die me **begreep**. We spraken over onze dromen en **aspiraties**, dingen die we wilden doen met ons leven. Zij vertelde me over haar plannen om de wereld rond te reizen, en ik deelde mijn droom om schrijfster te worden. Toen de zon weer onderging, namen we afscheid van elkaar en beloofden we elkaar dit keer te blijven zien.

Jaren gingen voorbij, en onze **vriendschap** bleef sterk,

Τα χρόνια πέρασαν και η **φιλία** μας παρέμεινε ισχυρή, παρόλο που ζούσαμε πλέον σε διαφορετικά μέρη της χώρας. Κρατούσαμε επαφή μέσω επιστολών και περιστασιακών τηλεφωνημάτων, μοιραζόμενοι ο ένας με τον άλλον τα νέα της ζωής μας. Όταν ανακοίνωσε ότι παντρεύεται, δεν **εξεπλάγην** - ήταν πάντα **περιπετειώδης** τύπος. Αλλά όταν με ρώτησε αν θα ήμουν κουμπάρα της στη γαμήλια τελετή της που θα γινόταν στην άλλη άκρη του κόσμου από εκεί που ζούσα... χρειάστηκε να την πείσω! Στο τέλος όμως δεν μπορούσα να αφήσω την καλύτερή μου φίλη να παντρευτεί χωρίς εμένα στο πλευρό της, οπότε παρά τους φόβους μου (και μετά από πολλές παρακλήσεις της!) **συμφώνησα** να πάω μαζί της σε αυτό που αποδείχθηκε η **περιπέτεια** της ζωής μου.

Η ημέρα του **γάμου** έφτασε επιτέλους. Είχα άγχος, αλλά και ενθουσιασμό που θα συμμετείχα σε μια τόσο σημαντική στιγμή στη ζωή της φίλης μου. Η τελετή ήταν πανέμορφη και εκείνη έδειχνε ευτυχισμένη καθώς έλεγε τους όρκους της. **Στη συνέχεια**, γιορτάσαμε με ένα μεγάλο πάρτι - φαινόταν ότι όλοι όσοι ήξερε είχαν έρθει να γιορτάσουν μαζί της! Ήταν μια **μαγική** μέρα που δεν θα ξεχάσω ποτέ, και η φιλία μας έγινε πιο δυνατή μετά από αυτή την περιπέτεια. Τώρα, χρόνια μετά, εξακολουθούμε να κρατάμε επαφή. Έχουμε και οι δύο **αλλάξει** πολύ από τότε που πρωτογνωριστήκαμε, αλλά η φιλία μας είναι τόσο δυνατή όσο ποτέ.

ook al woonden we nu in verschillende delen van het land. We hielden contact door middel van brieven en af en toe telefoontjes, waarbij we nieuws over ons leven met elkaar deelden. Toen ze aankondigde dat ze ging trouwen, was ik niet **verbaasd** - ze was altijd al een **avontuurlijk** type geweest. Maar toen ze me vroeg of ik haar bruidsmeisje wilde zijn op haar huwelijksceremonie, dat halverwege de wereld zou plaatsvinden, van waar ik woonde... daar was wel wat overtuigingskracht voor nodig! Maar uiteindelijk kon ik mijn beste vriendin niet laten trouwen zonder mij aan haar zijde, dus ondanks mijn angsten (en na veel smeken van haar!) **stemde** ik ermee in om mee te gaan op wat het **avontuur** van mijn leven bleek te zijn.

De dag van de **bruiloft was** eindelijk aangebroken. Ik was nerveus, maar opgewonden om deel uit te maken van zo'n belangrijk moment in het leven van mijn vriendin. De ceremonie was prachtig, en ze zag er gelukkig uit toen ze haar geloften aflegde. **Daarna** vierden we het met een groot feest - het leek wel of iedereen die ze kende was gekomen om het met haar te vieren! Het was een **magische** dag die ik nooit zal vergeten, en onze vriendschap is na dat avontuur alleen maar sterker geworden. Nu, jaren later, houden we nog steeds contact. We zijn allebei veel **veranderd** sinds we elkaar voor het eerst ontmoetten, maar onze vriendschap is nog even sterk als altijd.

Ερωτήσεις κατανόησης

1. Πού συναντήθηκαν για πρώτη φορά η συγγραφέας και η φίλη της;

2. Γιατί ο φίλος του συγγραφέα άργησε στη συνάντησή τους;

3. Για τι μίλησαν οι φίλοι όταν συναντήθηκαν ξανά μετά από χρόνια;

4. Πώς αισθάνθηκε η συγγραφέας όταν παρακολούθησε τη γαμήλια τελετή της φίλης της;

5. Περιγράψτε το σκηνικό της γαμήλιας τελετής.

6. Πώς άλλαξε η φιλία μεταξύ των δύο γυναικών με την πάροδο του χρόνου;

7. Ποιο είναι το όνειρο του συγγραφέα;

8. Πού σκοπεύει να ταξιδέψει ο φίλος του συγγραφέα;

9. Γιατί η συγγραφέας δίσταζε να παραστεί στη γαμήλια τελετή της φίλης της;

Begrip vragen

1. Waar hebben de auteur en haar vriendin elkaar voor het eerst ontmoet?

2. Waarom was de vriend van de auteur te laat op hun afspraak?

3. Waar hadden de vrienden het over toen ze elkaar jaren later weer ontmoetten?

4. Hoe vond de schrijfster het om de huwelijksceremonie van haar vriendin bij te wonen?

5. Beschrijf de omgeving van de huwelijksceremonie.

6. Hoe is de vriendschap tussen de twee vrouwen in de loop der tijd veranderd?

7. Wat is de droom van de auteur?

8. Waar is de vriend van de schrijver van plan heen te reizen?

9. Waarom aarzelde de schrijfster om de huwelijksceremonie van haar vriendin bij te wonen?